Digitale Geschäftsmodell-Innovationen mit 3D-Druck

Carsten Feldmann · Colin Schulz ·
Sebastian Fernströning

Digitale Geschäftsmodell-Innovationen mit 3D-Druck

Erfolgreich entwickeln und umsetzen

 Springer Gabler

Carsten Feldmann
Fachhochschule Münster
Münster, Deutschland

Colin Schulz
Fachhochschule Münster
Münster, Deutschland

Sebastian Fernströning
Fachhochschule Münster
Münster, Deutschland

ISBN 978-3-658-25161-1   ISBN 978-3-658-25162-8   (eBook)
https://doi.org/10.1007/978-3-658-25162-8

Die Deutsche Nationalbibliothek verzeichnet diese Publikation in der Deutschen Nationalbibliografie; detail-lierte bibliografische Daten sind im Internet über http://dnb.d-nb.de abrufbar.

Springer Gabler
© Springer Fachmedien Wiesbaden GmbH, ein Teil von Springer Nature 2019

Springer Gabler ist ein Imprint der eingetragenen Gesellschaft Springer Fachmedien Wiesbaden GmbH und ist ein Teil von Springer Nature
Die Anschrift der Gesellschaft ist: Abraham-Lincoln-Str. 46, 65189 Wiesbaden, Germany

Vorwort

Im Zeitalter der Digitalisierung ist die Fähigkeit, innovative Geschäftsmodelle zu entwickeln, eine Voraussetzung für die langfristige Wettbewerbsfähigkeit eines Unternehmens. Die Technologie des 3D-Drucks ermöglicht sowohl die Entwicklung neuer Geschäftsmodelle als auch die Weiterentwicklung bestehender Geschäftsmodelle. Dabei stehen das Erlangen von Wettbewerbsvorteilen und der Nutzen aus Kundensicht im Fokus. Die Frage, welche Produkte und Bauteile mithilfe von additiven Fertigungsverfahren bzw. 3D-Druck technisch herstellbar sind, rückt nicht zuletzt aufgrund des rasanten Fortschritts der Technologie zunehmend in den Hintergrund.

In der Praxis konzentriert sich der Einsatz additiver Fertigungsverfahren bislang vor allem auf industrielle Anwendungen in Entwicklungs- und Fertigungsprozessen. Hochschulen und weitere Forschungseinrichtungen haben das Potenzial der additiven Fertigungsverfahren zwar erkannt, jedoch konzentriert sich die Forschung vorrangig auf technologische Aspekte. Geschäftsmodell-Innovationen hingegen wird bislang wenig Aufmerksamkeit geschenkt.

Dieses Buch besteht aus zwei Teilen. Im ersten Teil werden Geschäftsmodell-Innovationen durch den 3D-Druck mithilfe zahlreicher Praxisbeispiele vorgestellt. Der Leser findet Antworten auf die folgenden Fragen:

- Welche Geschäftsmodelle im Kontext der additiven Fertigung werden in der Praxis bereits angewandt?
- Welche Geschäftsmodellmuster bieten innovative Potenziale zur Weiterentwicklung?
- Über welche Geschäftsmodellmuster lassen sich Wettbewerbsvorteile generieren, die die Position in der Wertschöpfungskette stärken oder neue Märkte erschließen?
- Wie lassen sich die Geschäftsmodelle klassifizieren, um Orientierung für Unternehmen zu bieten?

Der zweite Teil des Buches beinhaltet einen Leitfaden für die Entwicklung von 3D-Druck gestützten Geschäftsmodellen von der Idee bis zur Umsetzung. Hierbei handelt es sich um einen praxisorientierten Methodenbaukasten, der die technologieinduzierte

Geschäftsmodell-Innovation von der ersten Idee bis zur Umsetzung unterstützt. Der Leser findet in diesem Teil Antworten auf folgende Fragen:

- Wie lassen sich innovative Geschäftsmodelle mit 3D-Druck für ein bestimmtes Unternehmen konkret identifizieren?
- Wie können bestehende Geschäftsmodelle angepasst werden, um Wettbewerbsvorteile zu erzielen?

Wesentliche Inhalte wurden im Rahmen des Innovationsforums PUSH.3D-Druck erarbeitet. Dabei handelt es sich um ein vom Bundesministerium für Bildung und Forschung (BMBF) im Rahmen der Förderinitiative „Innovationsforen Mittelstand" gefördertes Projekt. Projektträger waren die wfc Wirtschaftsförderung Kreis Coesfeld GmbH in Kooperation mit dem Institut für Prozessmanagement und Digitale Transformation (IPD) an der Münster School of Business der Fachhochschule Münster und dem Kompetenzzentrum Coesfeld – Institut für Geschäftsprozessmanagement.

Dem portugiesischen Entdecker Magellan wird das Zitat zugeschrieben: „Wer an der Küste bleibt, kann keine neuen Ozeane entdecken." In diesem Sinne wünschen wir Ihnen bei der Entdeckungsreise zur Geschäftsmodell-Innovation mit 3D-Druck viel Erfolg!

Carsten Feldmann
Sebastian Fernströning
Colin Schulz

Inhaltsverzeichnis

Abkürzungsverzeichnis

3D	dreidimensional
3DWP	Wachsdruck
AHP	Analytic Hierarchy Process
AM	Additive Manufacturing
AMF	Additive Manufacturing File Format
B2B	Business-to-Business (Geschäftskunden)
B2C	Business-to-Customer (Privatkunden)
CAD	Computer-Aided Design
CC	Contour Crafting
CI	Corporate Identity
CMMI	Capability Maturity Model Integration
CT	Computertomographie
DLP	Digital Light Processing
EBIT	Earnings Before Interest and Taxes (Gewinn vor Zinsen und Steuern; operatives Ergebnis)
EBM	Elektronenstrahlschmelzen
FDM	Fused Deposition Modeling
FFF	Fused Filament Fabrication
FLM	Fused Layer Modeling
FTI	Film Transfer Imaging
GIN3D	Referenzmodell zur Geschäftsmodell-Innovation mit 3D-Druck
GoM	Grundsätze ordnungsmäßiger Modellierung
HMW	„How might we"-Fragen („Wie könnten wir …")
IPR	Intellectual Property Rights (Recht am geistigen Eigentum)
ISO	International Organisation for Standardization
KMU	Kleine und mittlere Unternehmen
kWh	Kilowattstunde
LLM	Layer Laminated Manufacturing
LOM	Laminated Object Modeling
LPD	Layer Plastic Deposition

MDS	Multidimensionale Skalierung
MEMS	Microelectromechanical Systems
MJM	Multi-Jet Modeling
MVP	Minimum Viable Product
NABC	Need, Approach, Benefit, Competition
NDA	Non-Disclosure Agreements
NIH	„Not invented here"-Syndrom
P2P	Peer-to-Peer (unter Gleichen)
PC	Personal Computer
PEP	Produktentstehungsprozess
PJM	PolyJet Modeling
PMI	Project Management Institute
SHS	Selective Heat Sintering
SLM	Selektives Laserschmelzen
SLS	Selektives Lastersintern
STL-Format	Standard Triangulation Language bzw. Standard Tesselation Language
STL, SLA	Stereolithographie
WYSIWYB	„What You See Is What You Build"

Motivation und Ziele

1

Organe, Häuser oder Pizzen – die Medien greifen gerne auf spektakuläre Anwendungsbeispiele zurück, wenn sie über den 3D-Druck (synonym: additive Fertigungsverfahren) berichten. Dabei hat der 3D-Druck seinen Ursprung nicht in menschlichen Zellen, Beton oder Tomatensoße, sondern im Bereich Kunststoff. Bereits im Jahr 1984 hat der US-Amerikaner Chuck Hull das erste Patent für das 3D-Druckverfahren Stereolithografie eingereicht. Die Idee war simpel: Ein Drucker, der UV-sensitiven Kunststoff schmilzt und in dünnen Schichten aufträgt, um auf Basis eines digitalen CAD-Modells ein dreidimensionales, physisches Objekt zu erstellen. Mehr als 30 Jahre später ist die Technologie im Hinblick auf Qualität, Geschwindigkeit und verfügbare Werkstoffe weit fortgeschritten und hält Einzug in die industrielle Fertigung. Im Rahmen der Industrie 4.0 spielt der 3D-Druck eine herausragende Rolle für die wirtschaftliche Fertigung kleiner Losgrößen, insbesondere bei der kundenindividuellen Massenproduktion (Mass Customization).

Unternehmen und Wissenschaft widmen sich Themen wie zum Beispiel der Marktdurchdringung, den technischen Möglichkeiten und Grenzen sowie den Produkt- und Prozessinnovationen durch 3D-Druck. Der Fokus liegt dabei oftmals auf den technologischen Möglichkeiten dieser Gruppe von Fertigungsverfahren. Vielfach genannte Vorteile sind beispielsweise die Potenziale für die kundenindividuelle Einzelfertigung, die Verkürzung der Produktentwicklungszeit, die Verringerung von Transportkosten und Lagerbeständen sowie die konstruktive Optimierung von Produkten [1–5]. Diese Vorteile sind allerdings nur eine Seite der Medaille. Unternehmen müssen ein geeignetes Geschäftsmodell finden, um mit dem 3D-Druck einen Nutzen für den Kunden zu generieren und Erträge zu erwirtschaften [6]. Das Thema der Geschäftsmodell-Innovationen auf Basis additiver Fertigungsverfahren wird jedoch von Unternehmen bisher stark vernachlässigt. Dies ist kritisch zu betrachten, da der 3D-Druck nicht nur Fertigungsprozesse einzelner Unternehmen, sondern ganze Branchen und ihre Wertschöpfungsketten verändert [7]. In diesem Zusammenhang charakterisieren Experten den 3D-Druck auch als disruptive Technologie [8].

© Springer Fachmedien Wiesbaden GmbH, ein Teil von Springer Nature 2019
C. Feldmann et al., *Digitale Geschäftsmodell-Innovationen mit 3D-Druck*,
https://doi.org/10.1007/978-3-658-25162-8_1

Deutschlands Industrie ist Vorreiter in der Anwendung von 3D-Druck-Technologien.

Bereits 37 % aller deutschen Unternehmen haben Erfahrungen im 3D-Druck gesammelt – ein weltweiter Spitzenwert [3]. Dies ist nicht zuletzt dem Umstand geschuldet, dass der 3D-Druck großes Potenzial für die Branchen bietet, die in der deutschen Wirtschaft stark vertreten sind, beispielsweise die Automobilindustrie sowie der Maschinen- und Anlagenbau (vgl. Abb. 1.1). Die hohe Zahl an Anwendern verdeutlicht ebenfalls, dass der 3D-Druck keinesfalls eine Technologie ist, mit der sich nur Großunternehmen und Konzerne beschäftigen. Im Gegenteil: Viele kleine und mittlere Unternehmen (KMU) beschäftigen sich mit dem Einsatz von 3D-Druckern, an erster Stelle produzierende Unternehmen, aber auch Handelsunternehmen oder Logistikdienstleister.

Ingenieure und Techniker sind in der Regel schnell von den Möglichkeiten und Potenzialen des 3D-Drucks begeistert. Dem kaufmännischen Management stellen sich jedoch die folgenden Fragen:

- Wie beeinflusst der 3D-Druck das bestehende Geschäftsmodell des Unternehmens?
- Welche Wettbewerbsvorteile bieten sich durch eine Weiterentwicklung des Geschäftsmodells?
- Welche Ansatzpunkte hat das Unternehmen, um ein innovatives Geschäftsmodell zu entwickeln?
- Welche Erfolgsfaktoren gilt es bei der Implementierung von Geschäftsmodellen zu beachten?

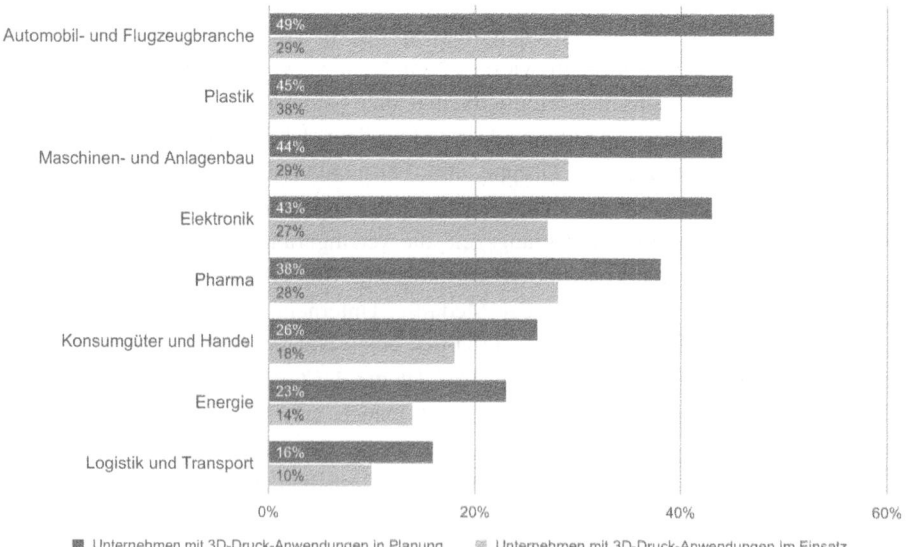

Abb. 1.1 Anteil von Unternehmen je Branche [in %], die den 3D-Druck einsetzen oder es für die Zukunft planen. (In Anlehnung an Müller und Karevska 2016 [3])

Das **Ziel** im ersten Teil dieses Buches ist es, Antworten und illustrative Praxisbeispiele zu den folgenden Fragen zu liefern:

- Welche Geschäftsmodelle im Kontext der additiven Fertigung nutzen KMU bereits?
- Welche Geschäftsmodellmuster bieten innovative Potenziale zur Weiterentwicklung?
- Über welche Geschäftsmodellmuster lassen sich Wettbewerbsvorteile generieren, die Position in der Wertschöpfungskette stärken oder neue Märkte erschließen?
- Wie lassen sich die Geschäftsmodelle klassifizieren, um Orientierung für Unternehmen zu bieten?

Neben einer Literatur- und Marktanalyse wird ein Modell der Geschäftsmodellmuster und Anbieter in der Wertschöpfungskette des 3D-Drucks vorgestellt. Dieses Referenzmodell bietet einen **Orientierungsrahmen** für die systematische Identifikation von Ansatzpunkten zur Neu- bzw. Weiterentwicklung von auf 3D-Druck basierenden Geschäftsmodellen.

Insbesondere KMU können erfolgreich neue Geschäftsmodelle hervorbringen, da sie eine große strategische Flexibilität im Hinblick auf ihre Ressourcen, Prozesse und Fähigkeiten aufweisen. Durch die erfolgreiche Entwicklung neuer bzw. die Veränderung bestehender Geschäftsmodelle können KMU Wettbewerbsvorteile generieren, ihre Position in der Wertschöpfungskette stärken, neue Märkte erschließen und ihre Geschäftsprozesse optimieren [3].

Im folgenden Kap. 2 werden zunächst der 3D-Druck und seine Anwendungsbereiche, der mögliche Nutzen aber auch die Grenzen der Technologie vorgestellt. Kap. 3 bietet einen Überblick über Geschäftsmodelle, ihre Elemente und Muster. Im Anschluss wird in Abschn. 3.2 ein Ordnungsrahmen skizziert. Dieser systematisiert die Geschäftsmodelle und Anbieter in der Wertschöpfungskette des 3D-Drucks. Kap. 5 beschreibt die Geschäftsmodelle im Detail und stellt Fallbeispiele aus der Praxis und der Literatur vor. In Kap. 6 werden diejenigen 3D-Druck-Geschäftsmodelle hervorgehoben, die insbesondere für KMU relevant sind. Kap. 7 fasst die zentralen Erkenntnisse zusammen.

Literatur

1. Holmström, J., Partanen, J., Tuomi, J., & Walter, M. (2010). Rapid manufacturing in the spare parts supply chain: alternative approaches to capacity deployment. *Journal of Manufacturing Technology Management, 21*(6), 687–697.
2. Winterhalter, S., Gassmann, O., & Wecht, C. (2014). Die Zukunft wird gedruckt – Aber wie wird sie verkauft? Geschäftsmodelle für die nächste industrielle Revolution. https://www.alexandria.unisg.ch/230162/1/Im%2Bio_Die%20Zukunft%20wird%20gedruckt.pdf.
3. Müller, A., & Karevska, S. (2016). How will 3D printing make your company the strongest link in the value chain: EY's Global 3D printing Report 2016. Ernst & Young GmbH Wirtschaftsprüfungsgesellschaft GmbH, Germany. http://www.ey.com/Publication/vwLUAssets/ey-global-3d-printing-report-2016-full-report/$FILE/ey-global-3d-printing-report-2016-full-report.pdf.

4. Bromberger, J., & Kelly, R. (2017). Additive manufacturing: A long-term game changer for manu-facturers. https://www.mckinsey.com/business-functions/operations/our-insights/additive-manufac-turing-a-long-term-game-changer-for-manufacturers.
5. Hopkinson, N., Hague, R., & Dickens, P. (2006). *Rapid manufacturing: An industrial revolution for the digital age*. Chichester: Wiley.
6. Rayna, T., & Striukova, L. (2016). From rapid prototyping to home fabrication: How 3D printing is changing business model innovation. *Technological Forecasting and Social Change, 48*(102), 214–224.
7. Feldmann, C., & Gorj, A. (2017). *3D-Druck und Lean Production: Schlanke Produktions-systeme mit additiver Fertigung*. Wiesbaden: Springer Gabler.
8. Feldmann, C., & Pumpe, A. (2016). *3D-Druck – Verfahrensauswahl und Wirtschaftlichkeit: Entscheidungsunterstützung für Unternehmen*. Wiesbaden: Springer Gabler.

3D-Druck: Anwendungsbereiche, Druckprozess, Nutzen und Grenzen

2

2.1 Grundlagen

Im angloamerikanischen Sprachraum findet sich vielfach die einfache **Klassifizierung von Fertigungsverfahren** in formative, subtraktive und additive Verfahren (vgl. Abb. 2.1) [1]. **Formative Verfahren** basieren auf dem Einsatz mechanischer Kraft formgebender Werkzeuge, um ein Ausgangsmaterial in eine definierte Form zu bringen. Beispiele sind Spritzgießen, Schmieden oder Tiefziehen. Bei **subtraktiven Verfahren** ist das Ursprungsmaterial ein solider Block, dessen Material bis zum Erreichen der gewünschten Form durch Werkzeuge mechanisch abgetragen wird. Beispiele sind Drehen, Fräsen oder Bohren. **Additive Verfahren,** denen der 3D-Duck zuzuordnen ist, zeichnen sich dadurch aus, dass das Material im Gegensatz zu subtraktiven Verfahren nicht abgetragen, sondern die Geometrie aus einzelnen Schichten sukzessive aufgebaut wird [2, 3]. Die im deutschen Sprachraum übliche, sehr differenzierte Klassifizierung der Fertigungsverfahren nach DIN 8580 ist für die Einordnung des 3D-Drucks nur bedingt geeignet [4, 5].

Der **Begriff 3D-Druck** ist ein Überbegriff für verschiedene Technologien bzw. additive Fertigungsverfahren, bei denen dreidimensionale Objekte aus einem oder mehreren Materialien schichtweise mittels physikalischer oder chemischer Schmelz- oder Härtungsverfahren aufgebaut werden [5–8]. Entscheidendes Merkmal ist der **schichtweise (additive) Aufbau,** bei dem durch Hinzufügen, Auftragen und Ablagern von Material anhand eines digitalen CAD-Modells ein physisches Objekt erzeugt wird. Dafür sind keine produktspezifischen Werkzeuge erforderlich [5]. Die mechanisch-technischen Eigenschaften des Objekts entstehen simultan zur Erstellung der Geometrie. Das virtuelle Modell auf Basis der digitalen 3D-CAD-Daten wird direkt bzw. relativ „nahtlos" in ein physisches Bauteil umgesetzt („What You See Is What You Build", WYSIWYB) [5, 8].

© Springer Fachmedien Wiesbaden GmbH, ein Teil von Springer Nature 2019
C. Feldmann et al., *Digitale Geschäftsmodell-Innovationen mit 3D-Druck,*
https://doi.org/10.1007/978-3-658-25162-8_2

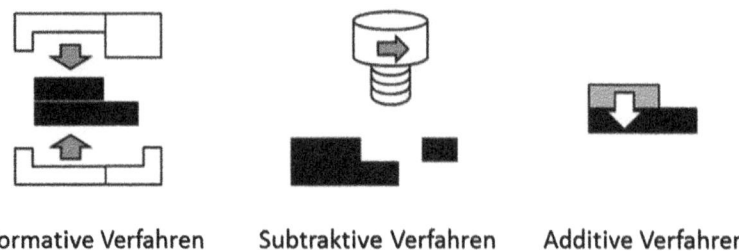

Formative Verfahren   **Subtraktive Verfahren**   **Additive Verfahren**

Abb. 2.1 Formative, subtraktive und additive Fertigungsverfahren. (In Anlehnung an Chua und Leong 2014 [6])

Als **Synonyme** werden vielfach die Begriffe additive Fertigungsverfahren, Additive Manufacturing (AM), Rapid-Technologien, generative Fertigungsverfahren und 3D Printing verwendet [6, 8, 10–14]. Dabei ist der Begriff 3D Printing als Gattungsbegriff ungeeignet, weil er ein spezifisches 3D-Druckverfahren, das sog. Pulver-Binder-Verfahren, bezeichnet [5].

Die von Charles Hull 1984 patentierte Stereolithografie ist der **Ursprung** des 3D-Drucks [8]. Die Anzahl an neuangemeldeten Patenten nimmt stetig zu, wobei gleichzeitig viele bestehende Patente auslaufen [15]. Der dadurch bedingte Preisverfall begünstigte die zunehmende Verbreitung des 3D-Drucks in den letzten Jahren. Neben den sinkenden Anschaffungskosten fördern steigende Baugeschwindigkeit, Zuverlässigkeit und Genauigkeit diese Entwicklung.

Die **Druckverfahren** sind durch eine große Vielfalt gekennzeichnet, sowohl im Hinblick auf das Drucken an sich als auch im Hinblick auf die verwendeten Materialien [16]. Stark vereinfacht lassen sich zwei Verfahrensgruppen unterscheiden. Bei der ersten Verfahrensgruppe „Heißklebepistole" trägt der Druckkopf dünne Schichten z. B. aus geschmolzenem Kunststoff auf: Mit jeder Schicht wächst das Werkstück in die Höhe. Bei der zweiten Verfahrensgruppe „Sandkasten" ist die Ausgangsbasis ein z. B. mit Metallpulver gefülltes Gefäß. Bei einigen Varianten dieses Verfahrens fährt der Druckkopf ähnlich wie bei einem Tintenstrahldrucker über das Pulverbett und trägt flüssiges Bindemittel auf, sodass das Material an den gewünschten Stellen „verklebt" wird; danach wird die nächste Schicht aufgetragen. Eine andere Variante zum schichtweisen Aufbau eines Objekts ist das punktgenaue Beschießen von Pulver oder Flüssigkeit mit einem Lichtstrahl zum Härten von lichtempfindlichen Polymeren oder mit einem Laser- oder Elektronenstrahl zum Schmelzen von z. B. Metallen. Durch das Aushärten bzw. Schmelzen wird so aus immer wieder neu aufgetragenen Schichten ein dreidimensionales Objekt geformt. Die Basis dafür ist ein dreidimensionales digitales Modell des Objekts.

Für die **Klassifizierung der Druckverfahren** steht eine Vielzahl von Ansätzen zur Verfügung. Tab. 2.1 bietet eine Systematisierung auf Basis der Kriterien Ausgangsmaterial und Fertigungsprinzip [16]. Die Vielfalt der Bezeichnungen der mitunter technisch vergleichbaren Verfahren resultiert aus der Vielzahl an Herstellern und Patenten. Die hier aufgeführten Verfahren werden laufend durch neue ergänzt, bei denen es sich

Tab. 2.1 Überblick über Druckverfahren, Prinzipien und Materialien. (Nach Feldmann und Pumpe 2016)

Gruppe	Basis	Prinzip	Druckverfahren (Beispiele)	Materialien (Beispiele)
Schmelzschichtung	Geschmolzene Materialien	Schmelzschichtung	Fused Deposition Modeling (FDM) Fused Filament Fabrication (FFF) Fused Layer Modeling (FLM) Layer Plastic Deposition (LPD)	Kunststoffe (z. B. ABS, PLA, Nylon, PET, ASA, POM, PP) und Kunststoffmischungen (z. B. Holz, Stein, Karbon, Kupfer)
Aushärten	Flüssige Materialien	Druckkopf	PolyJet (PJM) Multi-Jet Modeling (MJM) Wachsdruck (3DWP)	Kunstharze, UV-sensitive Flüssigkunststoffe, Wachs
		Stereolithografie mit Laser	Stereolithografie (STL, SLA)	Kunstharze, lichtempfindliche Flüssigkunststoffe, Epoxidharze, Elastomere, Acrylate
		Stereolithografie mit Maske	Digital Light Processing (DLP) Film Transfer Imaging (FTI)	
Aufschmelzen	Pulver	Sintern	Selektives Lasersintern (SLS) Selective Heat Sintering (SHS)	Kunststoffe, Metalle, Legierungen, Keramik
		Schmelzen	Selektives Laserschmelzen (SLM) Elektronenstrahlschmelzen (EBM)	
Verkleben	Pulver, Papier	Schichten Verkleben Cutting	Laminated Object Modeling (LOM) Layer Laminated Manufacturing (LLM) 3DP, PLT	Gips Papier
Sonderformen	Div.	Diverse	Contour Crafting (CC) etc.	Beton, Wachs, Teig, Silikon, Schokolade, Weingummi

allerdings zumeist um Varianten bereits bekannter Verfahren handelt. Für detaillierte Erläuterungen der verschiedenen Druckverfahren sowie deren jeweiligen Vor- und Nachteile sei auf die einschlägigen Publikationen verwiesen [5, 6, 8, 17–20].

3D-Druckverfahren weisen Gemeinsamkeiten mit CNC-Maschinen (Computerized Numerical Control) auf: Computer und Mikrocontroller überwachen die Systemvariablen und steuern die Aktoren (Antriebselemente) bzw. die maschinelle Erstellung der physischen Objekte. Im Folgenden ist der **3D-Druck im Vergleich zu CNC-Maschinen** unter den Aspekten Material, Geschwindigkeit, Komplexität, Geometrie und Programmierung abzugrenzen. Daraus ergeben sich Anhaltspunkte, für welche Fertigungsstufen bzw. Bauteile welches Verfahren besonders geeignet ist [8]. CNC-Maschinen eignen sich insbesondere für harte, spröde **Materialien** wie z. B. Stahl und andere Metalllegierungen, bei denen die Anforderungen an die Genauigkeit der Dimensionen und andere Eigenschaften sehr hoch sind. Dabei zeichnen sich die mit CNC-Maschinen gefertigten Objekte vor allem durch voraussagbare Qualität und exakte Reproduzierbarkeit bei großer Stückzahl (Homogenität) aus. Demgegenüber ist beim 3D-Druck die exakte Reproduzierbarkeit der gefertigten Objekte nur eingeschränkt gegeben [21]. Zudem können diese in Abhängigkeit der Parameter des Bauprozesses unerwünschte Hohlräume oder Anisotropie, d. h. eine unterschiedliche Qualität in der Schicht- und Baurichtung im Hinblick auf Genauigkeit und Oberflächenbeschaffenheit, aufweisen. Die **Geschwindigkeit** einer leistungsfähigen CNC-Maschine beim subtraktiven Abtragen von Material ist generell höher als die eines 3D-Druckers, der ein vergleichbares Materialvolumen additiv aufbaut. Jedoch ist im Hinblick auf die gesamte Prozesszeit anzumerken, dass ein 3D-Druck in der Regel einstufig erfolgen kann und mehrere Bauteile in einer Baugruppe nicht separat gefertigt und ggf. montiert werden müssen, sondern sich „in einem Zug" drucken lassen (Funktionsintegration).

CNC-Maschinen erfordern im Vergleich zu 3D-Druckmaschinen einen beträchtlichen Aufwand für die Prozessplanung und das Einrichten, insbesondere für Objekte mit komplexer Geometrie. Vielfach folgen CNC-Maschinen einem mehrstufigen Fertigungsprozess, um z. B. die Positionierung des Werkstücks zu ändern oder Werkzeuge zu wechseln. Im Hinblick auf die **Komplexität** ist festzustellen, dass die Vorteilhaftigkeit des 3D-Drucks gegenüber CNC mit der Komplexität des Bauteils tendenziell steigt. 3D-Druck benötigt keine Werkzeuge bzw. Werkzeugwechsel. Zudem sind Hinterschneidungen und interne Strukturen ohne komplexe Prozessplanung wie bei CNC-Maschinen zu generieren. Durch die Funktionsintegration sind beim 3D-Druck vergleichsweise weniger Bauteile für ein bestimmtes Objekt zu drucken. Einfache **Geometrien** wie Zylinder, Quader oder Konus sind mit CNC-Maschinen relativ einfach mithilfe von Verbindungspunkten herzustellen, sofern diese Punkte in ausreichender Entfernung zueinander liegen und die Einregelung des Werkzeugs sich nicht ändert. Demgegenüber sind Freiformflächen sehr schwierig mit CNC-Maschinen zu fertigen, da in diesem Fall die Verbindungspunkte sehr eng beieinanderliegen und die Ausrichtung des Werkzeugs häufig geändert werden muss. Hinterschneidungen, Einfassungen etc. sind ggf. nur bis zu einer bestimmten Grenze realisierbar.

Die **Programmierung** einer CNC-Maschine ist aufwendig im Hinblick auf Werkzeugauswahl, Anfahrposition und -winkel, Geschwindigkeit etc. Im Vergleich dazu sind die Parameter eines 3D-Druckers im Hinblick auf Komplexität und Auswirkungen der Parametrisierung überschaubar. Zudem erfordern CNC-Maschinen in der Regel maschinen- bzw. steuerungsspezifische Datensätze [5]. Demgegenüber nutzen alle aktuell verfügbaren

3D-Drucker STL (bzw. den leistungsfähigeren, kompatiblen Nachfolger AMF) als universell zu verarbeitendes Datenformat. Zusammenfassend ist festzuhalten, dass für einfache Geometrien, die mit einem Werkzeug bzw. einer Ausrichtung zu fertigen sind, die CNC-Maschine vielfach die schnellere und wirtschaftlichere Wahl ist [5]. Bei komplexen Geometrien hingegen oder Bauteilen, bei denen ein großer Anteil des Materialeinsatzes mechanisch abgetragen und verschrottet würde, ist der 3D-Druck unter den Aspekten Zeit und Kosten häufig günstiger.

2.2 Anwendungsbereiche

Die **Anwendungsbereiche** des 3D-Drucks sind vielfältig [22]. Sie reichen z. B. von Präsentations- und Funktionsmodellen, künstlerischen Objekten, Ersatzteilen, Gussformen bis hin zur Klein- bzw. Serienproduktion. Branchen, die sich vor allem aufgrund der Individualisierbarkeit der Produkte und der Gewichtsreduktion durch interne Wabenstrukturen für den 3D-Druck eignen, sind u. a. Luftfahrt-, Automobil-, Bekleidungs- und Schuhindustrie, Medizintechnik (Bioprinting, Hörgeräteschalen, Implantate und Orthopädie), Ersatzteile, Nanotechnologie, Werkzeugbau, Gießereiwesen, Architektur, Kunst, Möbel-, Schmuck- und Lebensmittelindustrie sowie sonstige Konsumgüter [5, 6, 8, 12, 18–20, 23]. 3D-Druck eignet sich insbesondere für die Fertigung von Produktportfolios, die durch eine hohe Variantenvielfalt bei einer relativ geringen Stückzahl je Variante gekennzeichnet sind. Ein hoher monetärer Wert der Objekte als auch die Komplexität des Designs können weitere Merkmale sein, die auf die Eignung eines additiven Fertigungsverfahrens hindeuten.

Die Einsatzmöglichkeiten des 3D-Drucks steigen durch kontinuierliche Verbesserungen der Technologie im Hinblick auf Qualität und Druckgeschwindigkeit bei gleichzeitig sinkenden Kosten [8]. Neue Werkstoffe kommen laufend hinzu: Gips, (Hochleistungs)Keramiken, Kunststoffe, Glas, Holzverbindungen, Lebensmittel, Metalle und Legierungen, organische Materialien etc. [16].

Die Anwendergruppen lassen sich in Endkunden und professionelle Nutzer einteilen [24]. Endkunden erwerben oder bauen sich oftmals einen eigenen Drucker, sodass der Endkunde die Rolle des Herstellers übernimmt. Die Anwendungen reichen hier vom Modellbau über personalisierte Gebrauchsgegenstände bis zur Kunst. Der professionelle Bereich lässt sich in visionäre Anwendungen (z. B. Mahlzeiten für die Raumfahrt, Häuser) und industrielle Anwendungen differenzieren. Unter industriellen Anwendungen fallen die Unterstützung der Produktentwicklung und das Drucken von Objekten, die selbst als Endprodukt verwendet werden oder zusammen mit anderen Komponenten als Baugruppe montiert werden. Dieses Buch fokussiert ausschließlich den industriellen Kontext.

Im Hinblick auf die Integration des 3D-Drucks in den Lebenszyklus eines Bauteils bzw. eines Produkts lassen sich vier grundlegende Ausprägungen unterscheiden [5, 24]:

- **Rapid Prototyping:** Das additive Herstellen von Prototypen und Modellen bzw. Bauteilen mit eingeschränkter Funktionalität (ohne Produktcharakter), deren spezifische Merkmale jedoch zum Testen ausreichend gut ausgeprägt sind.
- **Rapid Tooling:** Das additive Herstellen von Werkzeugen, Werkzeugkomponenten und -einsätzen, Lehren, Formen oder Formeinsätzen. Synonym wird der Begriff Direct Tooling verwendet.
- **Rapid Manufacturing:** Das additive Herstellen von Endprodukten bzw. Bauteilen für Endprodukte, z. B. für Kleinserien. Als Synonym ist der Begriff Direct Manufacturing gebräuchlich.
- **Rapid Repair:** Der materialauftragende Prozess zur Instandhaltung oder Reparatur abgenutzter Komponenten. Zudem Re-Engineering von Bauteilen mittels 3D-Scan, für die keine Lieferquellen mehr existieren.

Somit sind additive Fertigungsverfahren sowohl im Entwicklungs- und Fertigungsprozess (Produktentstehungsprozess, PEP) als auch im Bereich After Sales einsetzbar (vgl. Abb. 2.2) [20, 24]. 3D-Druck ist insbesondere dazu prädestiniert, den Produktentstehungsprozess zu beschleunigen und dabei Kosten zu senken: **Rapid Prototyping** kann in der Konzeptions- bzw. Entwicklungsphase zum Einsatz kommen, um Design-, Geometrie- oder Funktionsprototypen bzw. Modelle zu erstellen [5, 8, 25]. Dabei kann sowohl der Fit der Bauteil-Dimensionen zum Gesamtsystem validiert werden als auch ein erster Eindruck unter ästhetischen Gesichtspunkten erlangt werden. Die Vorteile des Einsatzes von Rapid Prototyping in der Produktentwicklung umfassen reduzierte Entwicklungszeit (time-to-market) und -kosten durch den frühzeitigen Test von Modellen, verbesserte Interaktion mit den Anwendern und die geometrische Freiheit im Produktdesign [20].

Additiv erzeugte Werkzeuge oder Formen (**Rapid Tooling**) können z. B. für die Vorserie oder die Serienfertigung eingesetzt werden [5]. Beispiele für die Werkzeugherstellung sind Montagegestelle, Heft- und Spannvorrichtungen, Formbretter, Schablonen sowie Führungsschienen [12, 26]. (Klein)Serien können im Rahmen des **Rapid Manufacturing** direkt hergestellt werden. Insbesondere eröffnet 3D-Druck die Möglichkeit einer wirtschaftlichen Fertigung kleiner Losgrößen stark individualisierbarer und geometrisch komplexer Produkte. Ansätze des **Rapid Repair** unterstützen den After-Sales-Service im Rahmen der Reparatur oder der Herstellung von Ersatzteilen auf Basis dreidimensionaler digitaler Daten. Gebrauch und äußere Einwirkungen führen bei Komponenten zu Verschleiß, Verformung, Defekten etc. und ggf. zur Verkürzung der Lebensdauer [27]. Eine Reparatur mittels 3D-Druck kann insbesondere bei Bauteilen mit komplexer Geometrie kosteneffizienter und zeitsparender sein als ein Austausch.

Trotz signifikanter Qualitätssteigerungen und des erheblichen Preisverfalls seit Erfindung des 3D-Drucks setzen Unternehmen diese Technologie vor allem beim Rapid Prototyping ein (67 %) [28]. 40 % nutzen 3D-Druck, um Werkzeuge und Vorrichtungen zu fertigen (Rapid Tooling). Demgegenüber stellen nur 14 % der Unternehmen verkaufsfähige Produkte bzw. Bauteile für die Produkte mit dieser Technologie her (Rapid Manufacturing).

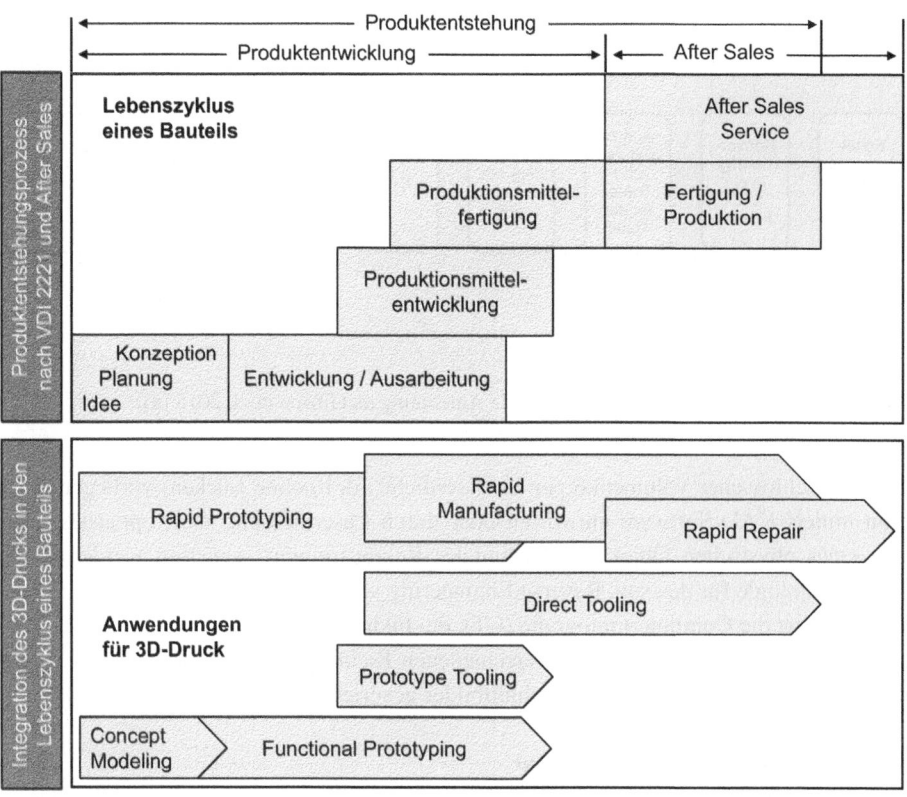

Abb. 2.2 Integration des 3D-Drucks in den Lebenszyklus eines Bauteils bzw. Produkts. (In Anlehnung an Gebhardt und Hötter 2016 [5]; VDI 2221; erweitert um den Bereich After Sales, abstrahiert vom Direct Manufacturing [29])

2.3 Druckprozess

Im Folgenden werden acht grundlegende **Prozessschritte** des 3D-Drucks vom digitalen CAD-Modell zum physischen Objekt erläutert (Abb. 2.3) [8]. Beim Rapid Manufacturing zeichnet sich ein Trend weg von „stand-alone"-Druckmaschinen und hin zu **integrierten Fertigungsanlagen** ab [5]. Dabei werden Prozessschritte wie Materialmanagement, Baujob-Vorbereitung, Wärmebehandlung, Entfernung des Stützmaterials etc. in einer verketteten Anlage integriert.

1. Erstellung des digitalen 3D-Modells
Zunächst ist – unabhängig vom verwendeten Material und Druckverfahren – festzulegen, wie ein gewünschtes Objekt, Produkt oder Bauteil in fertiger Form aussehen bzw. funktionieren soll. Hierfür ist eine dreidimensionale Computer-Aided Design (CAD)-Datei mit dem 3D-Modell des zu druckenden Objekts zu erstellen [8, 30]. Diese CAD-Geometrie,

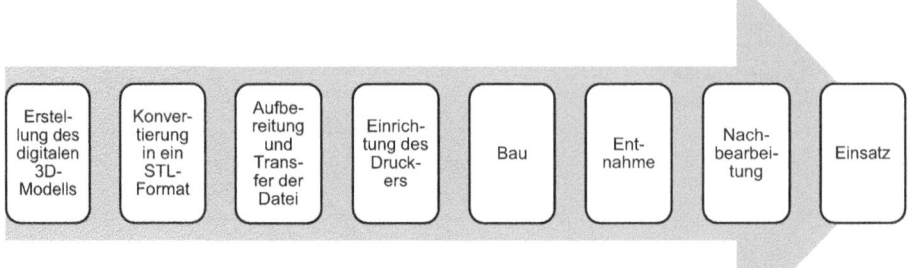

Abb. 2.3 Prozessschritte des 3D-Drucks. (In Anlehnung an Gibson et al. 2015 [8])

die als geschlossener Volumenkörper („wasserdicht", d. h. ohne Lücken) vorliegen muss, kann mittels CAD-Software entworfen oder durch Lasermessung bzw. optisches Scanning eines physischen Objekts und „digitales Rekonstruieren" generiert werden [6, 8]. Eine Technologie für das sog. Reverse Engineering von Objekten mit komplexen internen Strukturen ist die Computertomografie (CT), ein bildgebendes Verfahren aus der Medizintechnik, die aus einer Vielzahl aus verschiedenen Richtungen aufgenommenen Röntgenbildern eines Objekts schichtweise Schnittbilder generiert [8].

2. Konvertierung in ein STL-Format
Die im ersten Schritt erzeugte CAD-Datei wird üblicherweise in ein STL-Format (Standard Triangulation Language bzw. Standard Tesselation Language) überführt, auf Basis dessen der Druck durchgeführt werden kann [8, 30]. Das STL-Format als de facto Standard beschreibt die Oberfläche dreidimensionaler Körper mithilfe von Dreiecksfacetten bzw. Polygonen [5]. Bei Oberflächen, die sehr viele Rundungen aufweisen, erfordert die Abbildung der Oberfläche zahlreiche Dreiecke, sodass eine STL-Datei für runde Formen entsprechend viel Speicherplatz beansprucht [6]. Ein neuerer Standard, der auf dem STL-Format basiert, ist das Additive Manufacturing File Format (AMF) gemäß ISO/ASTM 52915:2013.

3. Aufbereitung der STL-Datei und Transfer zum 3D-Drucker
Bevor der Bau beginnt, ist eine Kontrolle der STL-Datei erforderlich. Es ist zu prüfen, ob die Übertragung korrekt erfolgt ist und das Objekt den Maßgaben in der CAD-Datei entspricht. Hierfür ist im 3D-System vielfach ein Visualisierungsprogramm integriert. Die Daten sind auf Konsistenz zu prüfen und ggf. zu reparieren. Ggf. sind aufgrund der Geometrie des Bauteils Stützstrukturen zu berechnen und in das Datenmodell zu integrieren. In diesem Schritt erfolgt sowohl die virtuelle Größenskalierung als auch die Orientierung und Positionierung des Objekts bzw. der Objekte im Bauraum [24]. Sollen mehrere gleiche Objekte in einem Zug gedruckt werden, so kann dies durch das Kopieren

der STL-Datei erfolgen [8]. Danach werden die Bauparameter zugewiesen und beim sog. Slicing die dreidimensionale Geometrie digital in einzelne Schichten zerlegt, welche im späteren Druck die Schichtstärke abbilden [24, 30]. Diese Schichten bzw. Querschnitte des digitalen Modells formen in ihrer Kombination das physische Objekt. Dabei determiniert die Schichtstärke wesentlich die Maßhaltigkeit und Oberflächenbeschaffenheit. Je dünner die Schichten sind, desto präziser ist das Druckergebnis und desto weniger tritt der sog. „Treppenstufeneffekt" auf [5].

4. Einrichtung der Maschine
Die Einrichtung der Maschine umfasst die Einstellung der Parameter wie z. B. Temperatur oder Druckgeschwindigkeit und ggf. die Kalkulation fehlender Werte durch die Software [5, 19]. Die Parametereinstellungen bestimmen im folgenden Bau die Qualitätsmerkmale wie z. B. Dichte, Oberflächengenauigkeit oder Kantenschärfe. Zudem ist das Material in die Maschine zu laden und zu nivellieren. Bei pulverbasierten Verfahren fallen als zusätzliche Aktivitäten das Sieben sowie im Falle der Nutzung von Bauplatten das Einebnen in der Maschine an [8, 24].

5. Bau
Im eigentlichen Bauprozess, d. h. der physikalischen Fertigung des Bauteils, werden computergestützt Schichten des Materials in x- und y-Richtung aufgebracht und ausgehärtet, um das Objekt zu generieren. Die meisten Maschinen besitzen einen beweglichen Baugrund oder Extruderkopf, sodass unterschiedliche Höhen (z-Richtung) gedruckt werden können. Je nach Geometrie des zu druckenden Objekts sind zur Stabilisierung Stützen notwendig, die ebenso vom 3D-Drucker erzeugt werden [8]. Der eigentliche Bau erfolgt in zwei Schritten: Erstens der Druck der einzelnen Schichten und zweitens das Verbinden der jeweiligen Schichten miteinander. Dieser Prozess kann in Abhängigkeit vom Verfahren gleichzeitig oder nacheinander erfolgen [5]. Der Zeitbedarf für den Bauprozess wird durch die Geometrie des Bauteils, die Qualitätsanforderungen an das Bauteil (z. B. Dichte, Oberflächenbeschaffenheit) und die Genauigkeit des Druckverfahrens determiniert [24].

6. Entnahme
Nach Beendigung des Bauprozesses ist das Bauteil zur Entnahme aus der Druckmaschine von der Bauplattform zu lösen und ggf. überschüssiges Material aus der Maschine zu entfernen [8]. Gegebenenfalls ist eine Wartezeit vor der Entnahme zu berücksichtigen, um das Abkühlen oder Aushärten des Objekts zu ermöglichen.

7. Nachbearbeitung des Bauteils
Nachdem das Bauteil aus dem Drucker entfernt wurde, kann es entweder im gebrauchsfertigen Zustand sein oder eine Nachbearbeitung erfordern. Diese kann u. a. Reinigen, Lackieren, Polieren, Schleifen oder eine thermische bzw. chemische Behandlung beinhalten [6, 8]. Beim Großteil der Druckverfahren ist Stütz- oder Supportmaterial

erforderlich, sofern das Objekt nicht in ein Pulverbett „hineingedruckt" wird [17]. Dieses Material ist vom Bauteil nach dem Druck manuell bzw. mechanisch zu entfernen. Weitere Gründe für die Nachbearbeitung sind (in Abhängigkeit vom gewählten Druckverfahren) mangelnde Druckgenauigkeit, Abweichungen in der Oberflächenbeschaffenheit oder Veredelung, z. B. in Form einer anderen Farbgebung [10, 12, 31]. Ggf. ist das Objekt thermisch nachzubearbeiten, um Spannungen zu minimieren und das Material zu homogenisieren [24].

8. Einsatz

Im Anschluss an die Nachbearbeitung sind die Objekte fertig zum Ge- oder Verbrauch [8]. Diese müssen in einem letzten Schritt von der Produktion zum Kunden gelangen. Kunden können interne oder externe Endverbraucher sowie Unternehmen sein, welche die gedruckten Objekte als Bauteile in ihrer Produktion weiter einsetzen oder direkt weitervertreiben.

In einer Supply Chain (Lieferkette bzw. unternehmensübergreifendes Wertschöpfungsnetzwerk) kann der 3D-Druck zu radikalen Strukturänderungen bzw. Verkürzungen führen, indem komplette Wertschöpfungsstufen umgangen werden (sog. Disintermediation) [16]. In konventionellen Supply Chains erbringen ein oder mehrere Unternehmen arbeitsteilig eine Leistung für einen Endkunden. Die Wertschöpfung ist durch hohe Investitionen in Maschinen und Infrastruktur gekennzeichnet, sodass die Produktion hoher Stückzahlen angestrebt wird. Aufgrund der Vielzahl der beteiligten Partner und der Erstellung von Werkzeugen und Formen dauert es lange von der Produktidee bis zum ersten Verkauf. Transport- und Lagerkosten bestimmen wesentlich die Höhe der Gesamtkosten in der Supply Chain.

Folgendes Szenario ist keine Vision, sondern bei zahlreichen eCommerce-Anbietern bereits Realität: Statt Schuhe (oder andere Konsumgüter) aus einem vorgefertigten Sortiment zu wählen (bzw. auf die Lieferung zu warten), designen Endkunden ihre Schuhe selbst oder kaufen im Internet die Design-Rechte. Die neuen Schuhe drucken die Kunden einfach zu Hause aus oder lassen sie von einem Druckdienstleister zusenden. In diesem Extremfall des Drucks beim Endverbraucher entfallen Teile-Lieferanten, Produktionsstufen, Transportdienstleister und lokaler Handel: Statt physischen Produkten bestimmen Transaktionen digitaler Daten und Druckrohstoffe die Supply Chain. Die Eigenproduktion mit hoher Fertigungstiefe findet nah am Ver- bzw. Gebrauchsort statt, sodass Lager- und Transportkosten sinken [16]. Ein solches Szenario findet sich nicht nur im Bereich Business-to-Consumer (B2C), sondern lässt sich ebenso auf den Bereich Business-to-Business (B2B) übertragen. Beispielsweise produziert der Flugzeughersteller Airbus zahlreiche Bauteile mittels 3D-Druck selbst, die bisher von externen Lieferanten bezogen wurden (sog. Insourcing) [32].

2.4 Nutzen

Hoher **Konkurrenzdruck** auf globalen Märkten und **immer kürzere Produktzyklen** sind nur einige der aktuellen Herausforderungen in vielen Branchen. **Individuelle Kundenwünsche** zu berücksichtigen und Aufträge mit der Stückzahl Eins zu Preisen einer Massenproduktion anzubieten, stellt einen starken Wettbewerbsvorteil dar. Dazu bietet der 3D-Druck als Fertigungsverfahren einen technologischen Schlüssel im Rahmen der Industrie 4.0.

In der Produktentwicklung ist 3D-Druck seit Jahrzehnten im Einsatz, da der Druck von Prototypen (Rapid Prototyping) die Zeit von der Produktidee bis zur Markteinführung (time-to-market) signifikant verkürzt [24, 33]. Im Hinblick auf die Attraktivität und die Einsatzgebiete für die Serienproduktion scheinen sich vor allem die Luftfahrt-, die Automobil- und die Elektronikindustrie für den Einsatz des 3D-Drucks zu eignen [19, 34, 35]. Diese Branchen profitieren besonders von der **Gewichtsersparnis,** wenn Teile in Wabenstruktur mit Hohlräumen gedruckt werden (im Gegensatz zu massiven Objekten bei Spritzguss- oder subtraktiven Fertigungsverfahren). Dies führt zu signifikanten Senkungen des Treibstoffverbrauchs im operativen Betrieb der Endprodukte wie z. B. Flugzeuge und Fahrzeuge.

Eine Stärke des 3D-Drucks sind die hohen **Freiheitsgrade beim Produktdesign:** Fast alle Formen sind realisierbar – selbst komplexe Geometrien, die mit nicht-additiven Fertigungsverfahren aufgrund gegebener Werkzeuge, Formen und Vorrichtungen schwer oder gar nicht herstellbar sind [5, 20]. Es besteht keine direkte Beziehung zwischen der Produktkomplexität und den Herstellungskosten, da die Komplexität des Designs nicht die Komplexität der Werkzeuge oder Fertigungsschritte bestimmt [36]. Dabei ist die Kombination verschiedener Materialien möglich. Neben den großen gestalterischen Möglichkeiten sind ebenso Mikrobauteile, bei denen konventionelle Fertigungsverfahren an ihre Grenzen stoßen, und integrierte Funktionsbauteile (MEMS; Microelectromechanical Systems) zu nennen [5]. **Werkstoffeigenschaften** lassen sich durch 3D-Druck geplant und kontinuierlich über das Werkstück hinweg so verändern, dass definiert anisotropes Verhalten erzielt wird, d. h. die Richtungsabhängigkeit der physikalisch-chemischen Eigenschaften eines Materials gezielt beeinflusst wird [5]. Das schnelle Experimentieren mit Modellen wird stark erleichtert, sodass sich die **Entwicklungszeit** von der ersten Produktidee bis zum ersten Verkauf signifikant verkürzt.

3D-Druck hat ein hohes Anwendungspotenzial für das Geschäftsmodell der **kundenindividuellen Massenfertigung.** Dabei werden individualisierbare, durch den Kunden ggf. mitentwickelte Produkte (Co-Design) durch flexible Fertigungsverfahren mit der Effizienz der Massenproduktion hergestellt (Mass Customization) [6, 37]. Einerseits sind die individuellen Bedürfnisse des Kunden an ein Produkt aufzugreifen. Andererseits sind diese individuellen Produktanforderungen nicht mit den Mitteln der traditionellen Einzelfertigung (Werkstattfertigung) zu decken, sondern mit effizienten Fertigungsverfahren, die flexibel und reaktionsschnell genug sind, um Massennachfrage zu decken. Dabei dienen Konfiguratoren als „Übersetzer" der Kundenbedürfnisse in technische Spezifikationen [38, 39].

Mit solchen individuell nach Kundenwunsch **„maßgeschneiderten" Produkten** können auch kleinste Marktsegmente profitabel bedient werden, ohne dabei auf eine Vielzahl von produktspezifischen Fertigungsanlagen und Werkzeugen angewiesen zu sein – es gibt nur ein digitales Modell, das jederzeit verändert werden kann. Dies schafft in vielen Branchen wie z. B. der Medizintechnik mit personalisierten Implantaten große Umsatzpotenziale, im Extremfall mit der Stückzahl bzw. Losgröße Eins wie z. B. bei einer individuellen Anpassung eines Hörgeräts an das Ohr des Patienten. Durch die geringere Investition in produktspezifische Maschinen, Werkzeuge und Vorrichtungen sinkt auch das betriebswirtschaftliche Risiko bei der Einführung neuer Produkte. Im Gegensatz zur werkzeuggebundenen Fertigung entfallen Rüstkosten und -zeit für den Wechsel zwischen verschiedenen Bauteilen bzw. Produkten, sodass kleine Losgrößen bis hin zur kundenindividuellen Einzelproduktion wirtschaftlich werden [36, 5]. Somit hat der 3D-Druck das Potenzial, den herkömmlichen Zielkonflikt zwischen einer Vielfalt des Produktportfolios einerseits und einem stabilen und effizienten Produktionsprozesses andererseits aufzulösen [38].

Durch den 3D-Druck kann die Zahl der Einzelteile verringert werden, indem ehemals separate Bauteile nun als komplette Baugruppe „in einem Zug" gedruckt werden **(Funktionsintegration).** Sogar frei bewegliche Teile (z. B. Kugelgelenke) können in einer einzigen monolithischen Struktur gedruckt werden, die nicht zusammengesetzt werden muss [20, 40]. Die geringere Anzahl an Teilen und Fertigungsschritten senkt insbesondere über die Lohn- bzw. Montagekosten die Herstellkosten und reduziert Qualitätsrisiken, die z. B. aus der Genauigkeit und der Justierung resultieren [5, 8, 41]. Diese Integration einer (vorher zu montierenden) Baugruppe in einem einzigen Teil kann ebenso die Anzahl der Wertschöpfungsstufen der unternehmensübergreifenden Supply Chain reduzieren, sodass z. B. die Koordinationskosten mit einem Teile-Lieferanten entfallen. Durch die Verringerung der Lohn- und Koordinationskosten kann ein sog. **Reshoring,** d. h. die Rückverlagerung der Produktion aus Niedriglohnländern in die Absatzregion, wirtschaftlich werden.

3D-Druck bietet wesentliche Vorteile im Vergleich zu Spritzguss- oder subtraktiven Fertigungsverfahren im Hinblick auf **Rüstkosten** und **Kosten für Werkzeuge, Vorrichtungen und Formen** [36, 20]. Ohne Werkzeugwechsel beim Wechsel der Fertigung von einem Produkt A auf ein Produkt B werden die Rüstkosten stark reduziert oder entfallen im Extremfall. Damit stellen Rüstkosten ebenso keinen Treiber für große Lose bzw. Kampagnenfertigung dar, mit denen bei konventionellen Fertigungsverfahren Stückkosten durch Mengendegressionseffekte gesenkt werden [40]. Kleine Stückzahlen kundenindividueller Produkte werden wirtschaftlich. Hohe Bestände an Endprodukten durch rüstkostengetriebene große Lose, denen keine konkrete Nachfrage gegenübersteht, gehören der Vergangenheit an – zumindest, wenn die Druckgeschwindigkeit bzw. die Ausbringungsmenge je Zeiteinheit mit der Absatzgeschwindigkeit synchronisiert ist. Statt physischer Bestände an Endprodukten „lagern" Firmen nur digitale 3D-Daten.

Wenn Produkte bzw. Teile erst bei konkreter Nachfrage gedruckt werden, entfallen **Lagerkosten** und Verschrottungsrisiken unverkaufter Bestände [40]. Somit bietet 3D-Druck insbesondere Kostensenkungspotenziale bei einem Produktportfolio, das sich durch eine große Vielfalt an Varianten mit geringer Stückzahl („high mix, low volume") auszeichnet oder stark schwankende bzw. sporadische Nachfrageverläufe in Kombination mit hoher Prognoseungenauigkeit aufweist. Dies trifft z. B. auf das Ersatzteil- und Projektgeschäft zu. Ebenso sinken **Transportkosten,** wenn die Güter erst bei konkretem Bedarf am Ver- oder Gebrauchsort lokal gedruckt werden.

Im Vergleich zu subtraktiven Fertigungsverfahren, in denen Werkstücke durch abtragende Bearbeitung wie Fräsen oder Bohren in die gewünschte Form gebracht werden, fällt weniger Abfallmaterial an [20, 40]. Die Literatur berichtet von einer **Abfallreduzierung** bis zu 40 % bei Metallanwendungen im Vergleich zu subtraktiven Fertigungsverfahren [42]. Zudem kann ein Großteil des Abfallmaterials beim 3D-Druck für die Fertigung wiederverwendet werden.

Auch in indirekten Bereichen wie z. B. der Beschaffung bestehen Kostensenkungspotenziale. Anstatt eine Vielzahl an Komponenten von zahlreichen Lieferanten zu bestellen, wird nur einmal eine große Menge an z. B. Pulver von einem Lieferanten bestellt. Dadurch sinken die **Prozesskosten im administrativen Bereich**.

Tab. 2.2 fasst die Vorteile des 3D-Drucks in der Produktentwicklung und der Fertigung im Vergleich zu nicht-additiven Fertigungsverfahren zusammen. Kochan/Chua postulieren Einsparpotenziale im Hinblick auf Zeit und Kosten von 50 bis 90 % [43]. Es ist kritisch anzumerken, dass die Effekte in Abhängigkeit von Unternehmen, Nachfragestruktur, Produktportfolio, Bauteilkomplexität, Druckverfahren und -material stark variieren können.

Für eine differenzierte Analyse der Werttreiber sowie Kosten- und Umsatzwirkungen in der gesamten Supply Chain, welche neben der Produktion ebenso die Beschaffung, die Distribution und die Retourenabwicklung umfasst, sei auf das Modell von Feldmann und Pumpe (2016) verwiesen, das eine differenzierte Struktur für eine umfassende Wirtschaftlichkeitsanalyse bietet.

Trotz eines rasanten Anstiegs der Qualität der Druckerzeugnisse und eines rapiden Preisverfalls setzen Hersteller 3D-Druck primär bei der Produktentwicklung ein [28]. Ob und wann 3D-Druck in der Serienfertigung eine Rolle spielen und damit die viel beschworene industrielle „Revolution" auslösen wird, hängt von der Entwicklung im Hinblick auf die aktuellen Grenzen der Technologie ab.

Tab. 2.2 Nutzen des 3D-Drucks in Produktentwicklung und Fertigung im Vergleich zu konventionellen Fertigungsverfahren

Produktentwicklung	Operative Fertigung
• Komplexe, organische Geometrien möglich durch **hohe Freiheitsgrade beim Design**. Höhere Bauteilkomplexität hat dabei nur relativ geringen Effekt auf Entwicklungszeit und -kosten	• **Neueinführung von Produkten**
• **Keine Kosten** für Entwicklung, Herstellung und Testen von **Werkzeugen, Formen und Vorrichtungen**	
• **Weniger Gewicht** durch Bauteile mit Hohlräumen bzw. Wabenstrukturen.	• **Schnellere Amortisation** der Fertigungsanlagen.
• Hoher Grad der Berücksichtigung **kundenindivdueller Anforderungen im Design** (ggf. Co-Design durch Kunden), da kaum technische Einschränkungen im Vergleich zu vielen nicht-additiven Fertigungsverfahren; keine limitierenden Subziele wie Minimierung mechanischer Bearbeitung und Verschnitt	• **Geringere Fixkosten** wie etwa Abschreibungen auf Maschinen und Werkzeuge
	• **Geringeres Investitionsrisiko**, da keine Anschaffung produkt- bzw. bauteilspezifischen Maschinen
	• **Laufende Fertigung**
• **Kürzere time-to-market** und **weniger Fehlentwicklungen** durch schnelle und einfache Verfügbarkeit von Prototypen zum Testen und weniger Abstimmungsbedarf in Bezug auf die Möglichkeiten bzw. Begrenzungen des Fertigungsverfahrens	• **Funktionsintegration**: Weniger Bauteile für Gesamtprodukt aufgrund der geringeren Anzahl von Bauteilen: kürzere Montagezeit Weniger Zeit für bauteilspezifisches Einrichten und Programmieren der Maschinen Kürzere Zeit für Inspektion einzelner Bauteile Geringere Lohnkosten
• **Weniger Entwicklungsaufwand** für Toleranzanalysen, Schnittstellen zwischen Komponenten (z. B. Auswahl von Befestigungsvorrichtungen) und Montagezeichnungen durch reduzierte Teileanzahl (Funktionsintegration: Aus einer vormals zu montierenden Baugruppe wird ein Bauteil, das in einem Zug gedruckt wird)	• **Niedrigere (ggf. keine) Rüstkosten** beim Wechsel von einem Bauteil zu einem anderen Bauteil auf einem Drucker (ggf. Kosten für Reinigung, Vorheizen etc.)
	• **Höhere Verfügbarkeit und kürzere Lieferzeiten** aufgrund höherer Flexibilität des Produktionsprogramms durch niedrigere Rüstkosten
• **Eigenschaften des Bauteils** wie mechanische Belastbarkeit müssen **nicht durch Gewicht „erkauft"** werden	• **Dezentralisierung der Fertigung** an den Gebrauchs- bzw. Verbrauchsort, dadurch geringere Transport- und Lagerkosten für Roh-, Halbfertig- und Fertigerzeugnisbestände (nachfragesynchroner Druck)
• **Reduzierter Materialeinsatz** aufgrund des additiven Charakters des 3D-Drucks im Vergleich zur abtragenden Verarbeitung bei subtraktiven Fertigungsverfahren wie Fräsen, Drehen etc.	• **Geringere administrative Prozesskosten**
	• **Weniger Schulungsaufwand**
	• **Niedrigere Wartungskosten**
• Gezieltes Erzeugen **anisotroper Werkstoffeigenschaften**	• **Weniger Abfall** (Verschnitt etc. bei subtraktiver Fertigung), dadurch niedrigere Entsorgungskosten

2.5   Grenzen

Trotz aller Begeisterung für die aus oberflächlicher Sicht scheinbar unbegrenzten
Möglichkeiten des 3D-Drucks sind die folgenden technische Grenzen und Risiken der
Technologie bei der Geschäftsmodellentwicklung frühzeitig zu berücksichtigen. Aktuelle Grenzen der Diffusion in der Industrie, insbesondere im Hinblick auf die Serienfertigung, sind die Limitation auf bestimmte Materialien, die begrenzte Größe der
druckbaren Bauteile (limitiert durch die Dimensionen des Bauraums bzw. die erforderliche Zeit für den Bauprozess), die Maßhaltigkeit bzw. die Oberflächenbeschaffenheit
der Bauteile, die exakte Reproduzierbarkeit, Gefährdungspotenziale für Mitarbeiter,
der Mangel an Kompetenzen der Mitarbeiter sowie Standards und Zertifizierungen für
3D-Druckprozesse [20].

Vor allem die zu geringe Geschwindigkeit des Drucks und qualitative Herausforderungen limitieren die Verbreitung für die Serienproduktion [20, 44]. Die
Geschwindigkeit bestimmt sich vor allem durch den Zeitbedarf fürs Aushärten der
einzelnen Schichten bis zum Aufbringen der nächsten Schicht. Je detaillierter das Objekt,
desto mehr Durchgänge und desto länger die Produktionszeit. Um eine hohe Stückzahl
in kurzer Zeit herzustellen, sind traditionelle Verfahren vielfach schneller und kostengünstiger. Um den Geschwindigkeitsnachteil des 3D-Drucks gegenüber konkurrierenden
Fertigungsverfahren zu kompensieren, sind **Hybridverfahren** möglich. Beispielsweise
können Grundkörper mit großen Volumina in einem ersten Schritt gefräst werden, um
im zweiten Schritt als Basis für den darauf aufsetzenden 3D-Druck für den additiven
Aufbau komplexer Geometrien zu dienen [5]. Ebenso denkbar ist eine zweigeteilte
Fertigungsstrategie in Abhängigkeit von der Nachfragestruktur der Produkte: Die Fertigung der Varianten mit hohen Stückzahlen und relativ konstanter Nachfrage („Renner")
erfolgt mittels eines schnellen, nicht-additiven Verfahrens. Varianten, die durch eine dis-
kontinuierliche Nachfrage kleiner Mengen gekennzeichnet sind („Exoten"), werden
mittels 3D-Druck gefertigt. So wird das Fertigungsprogramm der „Renner" nicht durch
Umrüstungen für die „Exoten" unterbrochen.

Eine weitere Herausforderung ist die **Nachbearbeitung.** So ist bei Objekten, bei
denen die erste Schicht als Überhang in der Luft „schwebt", Stützmaterial erforderlich.
Dieses ist nachher zeitaufwendig zu entfernen und hat ggf. negative Auswirkungen auf
die Genauigkeit. Weiterer Zeitbedarf ergibt sich ggf. für Oberflächenbehandlung und
Reinigung. Zudem wird die Komplexität der Technik vielfach unterschätzt: Umsetzbare
digitale Modelle erfordern neben CAD-Kenntnissen ein gewisses Maß an Erfahrung, um
Ausschuss zu vermeiden.

In einer branchenübergreifenden Studie der FH Münster betonten deutsche Unternehmen folgende **Qualitätsprobleme** [16]: Größe der Teile (Dimensionen des Bauraums), Maßhaltigkeit (Einhalten von Toleranzen bzw. exakte Reproduzierbarkeit der
Objekte bei großer Stückzahl), mechanische Eigenschaften, Temperaturbeständigkeit
sowie Verbundwirkungen mit anderen Komponenten (z. B. Lacke, Kleber). Vielfach wird
die Oberfläche als teilweise zu stufig (aufgrund des sog. Treppenstufeneffekts) und rau

(z. B. aufgrund der Partikelgröße beim Sintern und Schmelzen) [5] wahrgenommen. Ein weiteres Risiko ist die Anisotropie, d. h. die unterschiedliche Qualität in der Schicht- und in der Baurichtung im Hinblick auf Genauigkeit und Oberflächenbeschaffenheit [5]. Mitunter bilden sich unerwünschte Hohlräume.

Die **Qualität der Druckrohstoffe** ist ein weiterer limitierender Aspekt. Beispielsweise sind viele UV-sensitive Harze und Granulate giftig, sodass sie nicht für alle Produkte einsetzbar sind. Zudem unterscheidet sich der Grad der Wiederverwendbarkeit für die Produktion stark je nach Material. Die weitere Ausprägung internationaler Standards würde die Verfügbarkeit sicherer und zuverlässiger Materialien, aber auch Technologien und Prozesse, fördern.

Exakte Reproduzierbarkeit im Hinblick auf Maßhaltigkeit, mechanische Eigenschaften und Beständigkeit der Bauteile im Zeitablauf sind Voraussetzung für einen breiten Einsatz des 3D-Drucks in der industriellen Serienfertigung. Somit ist die Weiterentwicklung der Sensorik, Kontrolle und Steuerung additiver Fertigungsprozesse entscheidend, um aktuelle Qualitätsprobleme zu überwinden [20]. Extreme Erhitzungs-und Abkühlungsraten bei der Transformation von Material (bei Polymeren z. B. Schmelzen und Rekristallisation) erfordern die Entwicklung robuster mathematischer Modelle, um z. B. Mikrostrukturen und potenzielle Materialermüdung vorhersagen zu können. Im Hinblick auf die Echtzeit-Kontrolle des Prozesses sind Sensoren im Bauraum zu installieren, um Temperaturen, Abkühlungsraten und resultierende Beanspruchungen sowie mechanische Spannungen des Bauteils zu messen. Um eine hohe Genauigkeit der Messungen zu gewährleisten, sollten optische Sensoren kalibrierbar sein. Die Messung sollte nicht nur geometrische Dimensionen umfassen, sondern ebenso die Oberflächenbeschaffenheit der jeweiligen Schichten. Die dabei gesammelten Informationen sind im Rahmen der Prozesskontrolle während des Bauprozesses einzusetzen, um die Materialbeschaffenheit und den Transformationsprozess zu steuern. Zudem sind Defekte wie Löcher, Hohlräume, mikroskopische Risse und Abscheidungen bereits im Druckprozess zu reparieren. Manuelle Nacharbeit sollte so weit wie möglich vermieden werden, da sie die Gefahr von Ungenauigkeiten oder Fehlern birgt [5].

Viele der bestehenden **CAD-Programme** (Software für die digitale Konstruktion) sind vor allem auf Produkte für nicht-additive Fertigungsverfahren ausgelegt, insbesondere auf kreisförmige Objekte und gerade Linien [16]. Somit können die erweiterten konstruktiven und gestalterischen Möglichkeiten des 3D-Drucks in Bezug auf das Produktdesign (z. B. Flächenbeschreibungen höherer Ordnung) nur bedingt ausgenutzt werden. Komplexe 3D-Modelle mit organischen Formen erfordern außerdem viel Speicherkapazität. Zudem zeichnen sich viele CAD-Programme nicht durch Benutzerfreundlichkeit aus. Diese Aspekte schränken die Nutzung der Potenziale des 3D-Drucks beim Design stark ein, insbesondere hinsichtlich einer „Demokratisierung" der Produktentwicklung durch ein Co-Design der späteren Ge- bzw. Verbraucher. Mögliche Abhilfe können Haptik-basierte CAD-Systeme bieten. Diese simulieren eine direkte Interaktion mit dem Modell (Rückmeldung von Kraft an den Nutzer, sog. force feedback), um das kreative Schaffen von Formen ohne die geometrischen Begrenzungen konventioneller CAD-Systeme zu unterstützen [8]. Um die Diffusion des 3D-Drucks über den Produktdesign-Prozess weiter voranzutreiben, sind CAD- bzw. IT-Werkzeuge erforderlich, die Entwicklern die Möglichkeiten additiver Fertigung im Vergleich zu den Restriktionen nicht-additiver Fertigungsverfahren aufzeigen und Darstellungen von entsprechenden Formen, Eigenschaften, Prozessen und anderen Variablen unterstützen [20]. Zudem sind Methoden für das simultane Produkt- und Prozessdesign zu entwickeln als auch Verfahren für die Wirtschaftlichkeitsberechnung von Komponenten und Endprodukten über den Lebenszyklus [16].

Ein bisher nur rudimentär beleuchteter Forschungsbereich sind die **Gefährdungspotenziale, die für Anwender** von 3D-Druckern ausgehen. Zajons und Nowitzki differenzieren zwischen bauartspezifischen und anwendungsspezifischen Gefährdungspotenzialen [45]. Bauartspezifische Gefährdungspotenziale umfassen elektrische, thermische und mechanische Gefährdungen sowie optische Strahlung (z. B. Laserdioden, UV). Anwendungsspezifische Gefährdungspotenziale gehen von Gefahrstoffen (z. B. gesundheitsschädliche Partikel und Gase), Brand- und Explosionsgefahren (z. B. Entflammbarkeit von Thermoplastiken und Photopolymeren, Explosionsgefahr beim Einsatz von Metallpulvern), Sekundärstrahlung und biologischen Gefährdungen aus. Diese Gefährdungspotenziale sind weiter zu untersuchen und im Rahmen von Aus- und Weiterbildung zu vermitteln, da ein schlankes Produktionssystem nicht nur den Anforderungen des Lean Thinking, sondern ebenso den Anforderungen im Hinblick auf die Sicherheit der Mitarbeiter entsprechen sollte. Die weitere Verbreitung des 3D-Drucks in der gewerblichen Anwendung hängt nicht nur von betriebswirtschaftlichen Erwägungen ab, sondern ebenso von der öffentlichen Akzeptanz.

Standards und **Zertifizierungen** sind ein weiterer erfolgskritischer Faktor für die Diffusion des 3D-Drucks in der Fertigung, die es weiter auszuprägen gilt [24, 20]. Wesentliche organisatorische Treiber für die Schaffung von Standards im Bereich 3D-Druck sind die International Organisation for Standardization (ISO) mit dem Technical Committee 261 und die American Society for Testing and Materials (ASTM) mit dem Committee F42. Diese Standards umfassen Terminologie, Materialien, Testmethoden, Design und Datenformate. Zu spezifizieren sind diese Bereiche für Rohmaterialien und Druckobjekte sowie für Maschinen, Fertigungs- und Testprozesse. Priorisiert werden dabei die folgenden Themen: Methoden für die Qualifizierung und Zertifizierung der Mitarbeiter sowie die Zertifizierung der Maschinen, Richtlinien für das Design, Testmethoden für die Analyse und Kennzeichnung von Rohmaterialien, Testmethoden für die Bestimmung mechanischer Eigenschaften der Druckobjekte, Richtlinien für das Recycling von Materialien, Standardprotokolle für Testvorgänge mit verschiedenen Beteiligten, Standards für Prüfgegenstände und Anforderungen an Kaufteile aus 3D-Druckverfahren.

Im Hinblick auf die o. g. Grenzen ist festzuhalten, dass diese angesichts der rasanten Entwicklungsgeschwindigkeit der Technologie vermutlich nur eine zeitlich begrenzte Barriere darstellen. Neben den o. g. kritischen Erfolgsfaktoren für die weitere Verbreitung der 3D-Druckverfahren in der Serienfertigung sind im Folgenden die Risiken der sog. Produktpiraterie und die ökologische Nachhaltigkeit zu beleuchten.

Mit der weiteren Verbreitung des 3D-Drucks in Bezug auf Anwender und Materialvielfalt geht ein erhöhtes Risiko der sog. **Produktpiraterie,** d. h. die unerlaubte Imitation von Produkten bzw. derer Designs, einher [19]. Konkurrenten oder Produktpiraten müssen das Originalprodukt nicht mehr digital mit einem CAD-System anhand der Vorlage des Originalprodukts (nach)entwickeln, sondern können es z. B. auf einer Messe mit einem 3D-Scanner abtasten und mit den so gesammelten Daten ein digitales Modell für den 3D-Druck erstellen. Die Zollkontrolle beim Import physischer Waren greift ggf. nicht mehr, wenn die Daten digital transferiert oder über Downloadportale zur Verfügung gestellt werden. Neben den gewerblichen Schutzrechten wie z. B. Patent-, Urheberrecht-, Gebrauchsmuster- und Markenschutz sind bereits verschiedene technische Lösungen verfügbar, um Produktfälschungen mittels additiver Fertigungsverfahren einzudämmen. Ein Ansatz ist z. B. das Einbetten von Nanokristallen in das zu schützende Objekt, die eine physisch nicht kopierbare Signatur zur Herkunftsüberprüfung darstellen. Sog. Shape Memory Polymere sind ein alternativer Weg. Dabei werden temperatursensitive Materialien in das Objekt integriert, die bei Erwärmung einen definierten Sicherheitscode anzeigen. Allen diesen (und ähnlichen) Ansätzen wohnt allerdings der Nachteil inne, dass sie die widerrechtliche Fertigung von Produktimitationen nicht verhindern, sondern lediglich die Identifikation der Imitationen erleichtern.

Viele Fragen zur **ökologischen Nachhaltigkeit** sind unbeantwortet [16]. Einerseits bietet 3D-Druck viele Chancen wie die Senkung des Materialverbrauchs oder die Reduzierung der CO_2-Emissionen durch verbrauchernahe Produktion und die Herstellung leichterer Komponenten für die Automobil- und Luftfahrtindustrie. Andererseits birgt die Technologie ökologische Risiken: Kompensiert höheres Transportaufkommen vieler kleiner Transporte zu dezentralen „Druck-Orten" die o. g. CO_2-Einsparungen? Welche Gesundheitsrisiken entstehen z. B. durch Kleinstpartikel-Emission? Führt die Verwendung „minderwertiger" Materialien zu einer kürzeren Lebensdauer der Produkte, sodass eine Wegwerf-Kultur gefördert wird (sog. Rebound-Effekt)? Wie können miteinander verschmolzene Materialien sortenrein recycelt oder entsorgt werden? Wie hoch ist der Energiebedarf je Stück, wenn Mengendegressionseffekte nicht-additiver Fertigungsverfahren wie z. B. bei Spritzgussverfahren entfallen? Hinsichtlich dieser Fragen besteht erheblicher Forschungs- und Steuerungsbedarf.

Um die genannten Grenzen bzw. Schwächen der 3D-Druckverfahren zu überwinden, priorisierten Gebhardt und Hötter (2016) die folgenden **Entwicklungsziele** [5]:

- Verbesserung der Oberflächenbeschaffenheit
- Eliminierung der Anisotropie
- Erhöhung der Detailwiedergabe durch geringere Schichtstärken und kontinuierliche Konturierung in z-Richtung (Vertikale)
- Verbesserung der Materialeigenschaften und Ausweitung der verfügbaren Materialien
- Erhöhung der Geschwindigkeit des Bauprozesses bzw. Verkürzung der Maschinenbelegungszeiten
- Eliminierung bzw. Verringerung manueller Nachbearbeitung
- Konzentration auf einstufige Prozesse und dazu Vereinfachung oder Eliminierung von Zwischenprozessen

Zu ergänzen sind auf Basis der vorherigen Ausführungen die folgenden Punkte:

- Reduzierung der bauart- und anwendungsspezifische Gefährdungspotenziale für die Anwender
- Verhinderung unerlaubter Imitation von Produkten bzw. derer Designs (Produktpiraterie)
- Förderung der ökologischen Nachhaltigkeit.

Literatur

1. Burns, M. (1993). *Automated fabrication – Improving productivity in manufacturing.* NJ: Englewood Cliffs.
2. Kumar, V., Rajagopalan, S., Cutkosky, M., & Dutta, D. (1998). Representation and processing of heterogeneous objects for solid freeform fabrication, Paper presented at the IFIP WG5, 2 Geometric Modeling Workshop.
3. Thompson, M. K., & Foley, J. T. (2014). Coupling and complexity in additive manufacturing processes, Paper presented at the 8th International Conference on Axiomatic Design (ICAD).
4. Deutsches Institut für Normung e. V. (2003). Fertigungsverfahren Begriffe, Einteilung 8580, in (Vol. DIN 8580:2003-09), Berlin.
5. Gebhardt, A., & Hötter, J.-S. (2016). *Additive manufacturing: 3D printing for prototyping and manufacturing.* München: Hanser Publications.
6. Chua, C. K., & Leong, K. F. (2014). *3D printing and additive manufacturing: Principles and applications (with companion media pack) of rapid prototyping* (4. Aufl.). Singapore: World Scientific Publishing Company.
7. Bogue, R. (2013). 3D printing: The dawn of a new era in manufacturing? *Assembly Automation, 33*(4), 307–311.
8. Gibson, I., Rosen, D., & Stucker, B. (2015). *Additive manufacturing technologies* (2. Aufl.). New York: Springer.
9. Salonitis, K., & Al Zarban, S. (2015). Redesign optimization for manufacturing using additive layer techniques. *Procedia CIRP, 36,* 193–198.
10. Berger, U., Hartmann, A., & Schmid, D. (2013). *Additive Fertigungsverfahren: Rapid Prototyping, Rapid Manufacturing.* Haan-Gruiten: Europa-Lehrmittel.
11. Campbell, I., Bourell, D., & Gibson, I. (2012). Additive manufacturing: Rapid prototyping comes of age. *Rapid Prototyping Journal, 18*(4), 255–258.
12. Wohlers, T. T., & Caffrey, T. (2015). *Wohlers report 2015: 3D printing and additive manufacturing state of the industry annual worldwide progress report.* Fort Collins: Wohlers Associates.
13. VDI. (2013). *VDI 3405, in Blatt 2: Additive Fertigungsverfahren – Strahlschmelzen metallischer Bauteile – Qualifizierung, Qualitätssicherung und Nachbearbeitung.* Düsseldorf: VDI Gesellschaft Produktionstechnik (ADB).
14. Standard, ASTM. (2012). ISO/ASTM 52900:2015 Additive manufacturing – General principles-terminology, ASTM F2792-10e1.
15. Gao, W., Zhang, Y., Ramanujan, D., Ramani, K., Chen, Y., Williams, C. B., et al. (2015). The status, challenges, and future of additive manufacturing in engineering. *Computer-Aided Design, 69,* 65–89.
16. Feldmann, C., & Pumpe, A. (2016). *3D-Druck – Verfahrensauswahl und Wirtschaftlichkeit: Entscheidungsunterstützung für Unternehmen.* Wiesbaden: Springer Gabler.

17. Fastermann, P. (2016). *3D-Drucken: Wie die generative Fertigungstechnik funktioniert*. Wiesbaden: Springer.
18. Hagl, R. (2015). *Das 3D-Druck-Kompendium: Leitfaden für Unternehmer, Berater und Innovationstreiber* (2. Aufl.). Wiesbaden: Gabler.
19. Leupold, A., & Glossner, S. (2016). *3D-Druck, additive Fertigung und rapid manufacturing: Rechtlicher Rahmen und unternehmerische Herausforderung*. München: Vahlen.
20. Srivatsan, T. S., & Sudarshan, T. S. (2015). *Additive manufacturing: Innovations, advances, and applications*. Boca Raton: CRC Press.
21. Feldmann, C., & Pumpe, A. (2016b, 10–15 July 2016). *A holistic decision framework for 3D printing investments in global supply chains*. Paper presented at the World Conference on Transport Research (WCTR), Shanghai.
22. Baumers, M., Dickens, P., Tuck, C., & Hague, R. (2016). The cost of additive manufacturing: Machine productivity, economies of scale and technology-push. *Technological Forecasting and Social Change, 102,* 193–201.
23. Schreier, J., & Patron, C. (2015). Industrie 4.0 kommt mit einem großen Ruck. *Maschinen-Markt, 34,* 32–35.
24. Lachmayer, R., Lippert, R. B., & Fahlbusch, T. (Hrsg.). (2016). *3D-Druck beleuchtet: Additive Manufacturing auf dem Weg in die Anwendung*. Heidelberg: Springer.
25. Naitove, M. H. (2014). How currier puts the "Custom" in custom blow molding. *Plastics Technology, 33,* 48–53.
26. d'Aveni, R. (2015). The 3-D printing revolution. *Harvard Business Review, 93*(5), 40–48.
27. Zghair, Y. (2016). Rapid repair hochwertiger Investitionsgüter. In R. Lachmayer, R. B. Lippert, & T. Fahlbusch (Hrsg.), *3D-Druck beleuchtet: Additive Manufacturing auf dem Weg in die Anwendung* (S. 57–69). Heidelberg: Springer.
28. Hammond, T. (2014). 3D Printing: Benefits, trends, enterprise applications. http://www.tech-proresearch.com/downloads/3d-printing-benefits-trends-enterprise-applications/.
29. VDI 2221. (1993). VDI Richtlinie 2221: Methodik zum Entwickeln und Konstruieren technischer Systeme und Produkte, Düsseldorf.
30. Kurfess, T., & Cass, W. J. (2014). Rethinking additive manufacturing and intellectual property protection. *Research-Technology Management, 57*(5), 35–42.
31. Nitz, S. (2015). *3D-Druck. Der praktische Einstieg*. Bonn: Galileo Computing.
32. Handelsblatt. (2016). 3D-Drucker sollen Zulieferer ersetzen – Airbus stellt Produktion um. https://www.handelsblatt.com/unternehmen/industrie/airbus-stellt-produktion-um-3d-drucker-sollen-zulieferer-ersetzen/12853248.html?ticket=ST-359858-9TsoPFhISjoUqCdvoHAM-ap4.
33. Zäh, M. F. (2006). *Wirtschaftliche Fertigung mit Rapid-Technologien*. München: Hanser.
34. Gausemeier, J., Echterhoff, N, Kokoschka, M, & Wall, M. (2011). Thinking ahead the future of additive manufacturing. Future Applications.
35. Evans, R., & Danks, A. (1998). Strategic supply chain alignment. In J. Gattorna (Hrsg.), *Strategic supply chain management* (S. 18–38). Hampshire: Gower.
36. Hopkinson, N., Hague, R., & Dickens, P. (2006). *Rapid manufacturing: An industrial revolution for the digital age*. Chichester: Wiley.
37. Davis, S. (1987). *Future perfect*. New York: Basic Books.
38. Gembarski, P. C. (2016). Das Potenzial der Produktindividualisierung. In R. Lachmayer, R. B. Lippert, & T. Fahlbusch (Hrsg.), *3D-Druck beleuchtet: Additive Manufacturing auf dem Weg in die Anwendung* (S. 71–85). Wiesbaden: Springer.
39. Pine, J. B. (1993). *Mass customization: The new frontier in business competition*. Brighton: Harvard Business Press.
40. Berman, B. (2012). 3-D printing: The new industrial revolution. *Business horizons, 55*(2), 155–162.

41. Lindemann, C., Jahnke, U., Moi, M., & Koch, R. (2012). Analyzing product lifecycle costs for a better understanding of cost drivers in additive manufacturing. Paper presented at the 23th Annual International Solid Freeform Fabrication Symposium – An Additive Manufacturing Conference, Austin Texas USA 6th–8th August.
42. Petrovic, V., Vicente, H. G., Juan, J., Ferrando, O., Delgado Gordillo, J., Ramón Blasco Puchades, J., et al. (2011). Additive layered manufacturing: Sectors of industrial application shown through case studies. *International Journal of Production Research, 49*(4), 1061–1079.
43. Kochan, D., & Chua, C. K. (1995). State-of-the-art and future trends in advanced rapid prototyping and manufacturing. *International Journal of Information Technology, 1*(2), 173–184.
44. Feldmann, C. (2015). *3D-Druck: Wo bleibt die Revolution.* Farnkfurt: Frankfurter Allgemeine Zeitung.
45. Zajons, I., & Nowitzki, K. (2016). Sicherheitsaspekte – Ein Thema für die Aus-und Weiterbildung?! In R. Lachmayer, R. B. Lippert, & T. Fahlbusch (Hrsg.), *3D-Druck beleuchtet: Additive Manufacturing auf dem Weg in die Anwendung* (S. 109–113). Heidelberg: Springer.

Geschäftsmodell-Innovation: Wert für den Kunden und Erträge für das Unternehmen

3.1 Grundlagen der Geschäftsmodell-Innovation

Geschäftsmodelle sind ein Trendthema in Wissenschaft und Praxis. Grund dafür sind junge Unternehmen, die mit neuen digitalen Geschäftsmodellen etablierte Unternehmen und Märkte angreifen. Prominente Beispiele sind Airbnb, Amazon oder Netflix. Der Erfolg dieser Unternehmen ist weniger einem besonderen Produkt oder einer Dienstleistung zuzuschreiben, sondern liegt vielmehr in einem innovativen, digitalen Geschäftsmodell begründet. Um sich diesem Phänomen zu nähern, ist zunächst der Begriff Geschäftsmodell zu definieren:

> Ein **Geschäftsmodell** (engl. Business Model) beschreibt das Grundprinzip, wie ein Unternehmen Werte für seine Kunden schafft und Erträge generiert.

In der Literatur existiert eine Vielzahl an **Geschäftsmodell-Definitionen,** die auf verschiedenen Elementen aufbauen. Die gängigsten Definitionen weisen circa 40 verschiedene Elemente auf, auf Basis derer die Geschäftstätigkeit eines Unternehmens beschrieben wird. Diese lassen sich in neun Kernelemente bündeln, die im Zusammenspiel ein Geschäftsmodell charakterisieren, beispielsweise Strategie, Ressourcen, Netzwerk, Kunden und Wertversprechen. Abb. 3.1 stellt die Elemente gängiger Definitionsansätze gegenüber.

Trotz der verschiedenen Definitionsansätze gibt es einen breiten Konsens im Hinblick auf **vier Kernelemente eines Geschäftsmodells.** Dabei handelt es sich um das Nutzenversprechen [2–5] die Wertschöpfungsaktivitäten (Aktivitäten, Ressourcen und Netzwerk) [2, 6, 7], die Ertragsmechanik (Umsätze und Finanzen) [7, 8] und den Zielkunden [9–11]. Gassmann, Frankenberger und Csik (2013) definieren auf Basis dieser Kernelemente ein Geschäftsmodell darüber „wer die Kunden sind, was verkauft wird,

© Springer Fachmedien Wiesbaden GmbH, ein Teil von Springer Nature 2019
C. Feldmann et al., *Digitale Geschäftsmodell-Innovationen mit 3D-Druck,*
https://doi.org/10.1007/978-3-658-25162-8_3

Komponenten / Autor	Strategie	Ressourcen	Netzwerk	Kunde	Kundennutzen	Umsätze	Leistungs-erbringung	Einkauf	Finanzen
Hamel (2000)	Strategie, strategische Ressourcen		Geschäfts-Ökosystem	Kunden-schnittstelle					
Mahadevan (2000)			Logistikquelle		Wertquelle	Einnahmequelle			
Wirtz (2000)	Kombination von Produktionsfaktoren zur Strategieumsetzung	Kernkompetenzen, Vermögenswerte		Markt- und Kundensegmente	Service und Wertangebot	Systematisierung von Einnahmequellen	Kombination und Transformation von Gütern und Dienstleistungen	Produktionsfaktoren und Zulieferer	Finanzierung & Refinanzierung
Hedman/Kalling (2002)	Management, Organisation, Prozesskomponenten	Ressourcen		Kunde	Konkurrenzangebot		Aktivitäten und Organisation	Input und Produktionsfaktoren	
Bouwman (2003)		Technische Infrastruktur		Kundenwert					Finanzielle Vereinbarungen
Afuah (2004)	Positionierung	Ressourcen			Branchenfaktoren	Ertragsmodell	Aktivitäten		Kosten
Mahadevan (2004)					Wertangebot	Ertragsmodell	Wertbeitrag		
Voelpel/Leibold/Tekie (2004)		Führungs-fähigkeiten	Geschäfts-Ökosystem-Rekonfiguration der Wertschöpfung	Zielkunde	Wertangebot				
Yip (2004)	Anwendungsbereich, Differenzierung	Organisation		Kundensegmente, Kanäle	Wertangebot, Natur der Leistung		Transformation von Inputfaktoren	Inputfaktoren	
Lehmann-Ortega/Schoettl (2005)					Wertangebot, Wert-Architektur	Ertragsmodell			
Osterwalder/Pigneur/Tucci (2005)		Kernkompetenzen	Partner Netzwerk	Kunden-beziehungen, Kanäle, Zielkunde	Wertangebot	Ertragsmodell	Wertkonfiguration		Kostenstruktur
Tikkanen et al. (2005)	Strategie & Struktur		Geschäfts-Ökosystem				Geschäftstätigkeit		Finanzen & Rechnungswesen
Al-Debei/El-Haddadeh/Avison (2008)			Geschäfts-Ökosystem		Wertangebot, Wert-Architektur				Finanzen
Demil/Lecocq (2010)		Ressourcen & Kompetenzen, Organisation			Wertangebot	Volumen und Struktur der Einnahmequellen			Volumen und Struktur der Herstellungs- und Vertriebskosten
Johnson (2010)		Schlüssel-ressourcen	Schlüsselpartner		Wertangebot	Ertragsmodell	Schlüsselprozesse		
Osterwalder/Pigneur (2010)		Schlüssel-ressourcen		Kunden-beziehungen, Kanäle, Kundensegmente	Wertangebot	Einnahmequellen	Schlüssel-aktivitäten		Kostenstruktur
Intensität der Nutzung	◕	◕	◑	●	●	◕	◑	◔	◑

○ Very Low ◔ Low ◑ Moderate ◕ High ● Very High

Abb. 3.1 Gegenüberstellung von Geschäftsmodell-Elementen. (In Anlehnung an Wirtz et al. 2015 [1])

Abb. 3.2 Geschäftsmodell-
Elemente. (In Anlehnung an
Gassmann et al. 2013 [12])

wie man es herstellt und wie man Ertrag realisiert" [12]. Auf Basis dieser vier Elemente lassen sich Geschäftsmodelle konkretisieren und veranschaulichen (vgl. Abb. 3.2):

- **Wer sind die Zielkunden?**
  Für ein erfolgreiches Geschäftsmodell muss ein Kundensegment definiert werden, für das Produkte und Dienstleistungen angeboten werden.
- **Was bietet das Unternehmen den Kunden an?**
  Das Nutzenversprechen (engl. Value Proposition) ist das wichtigste Element eines Geschäftsmodells. Unternehmen müssen Produkte und Dienstleistungen anbieten, die so attraktiv für den Kunden sind, dass er diese kauft bzw. in Anspruch nimmt, um seine Bedürfnisse zu befriedigen.
- **Wie erstellt das Unternehmen die Leistung?**
  Die Wertschöpfungskette ist elementar, um Werte zu schaffen. Verschiedene Prozesse sind durchzuführen, um Leistungen für den Kunden zu erstellen. Bei der Erstellung von Produkten oder Dienstleistungen sind sowohl die Aktivitäten der eigenen Ressourcen zu koordinieren als auch externe Partner bei der Leistungserstellung einzubinden.
- **Wie wird Wert erzielt?**
  Die Ertragsmechanik bestimmt, wie Wert bzw. Umsätze generiert werden sollen. Außerdem wird die Kostenstruktur des Unternehmens betrachtet. Viele junge Unternehmen mit neuen Geschäftsmodellen sind zwar erfolgreich darin, Werte zu schaffen und Kunden zu gewinnen. Jedoch scheitern sie vielfach daran, langfristig profitabel zu wirtschaften.

Warum sollten sich Unternehmen nun mit Geschäftsmodell-Innovationen beschäftigen? In vielen Branchen ist die bloße Innovation von Produkten und Prozessen nicht mehr ausreichend, um sich nachhaltig vom Wettbewerb abzusetzen. Innovationen des Geschäftsmodells werden aus diesem Grund für den wirtschaftlichen Erfolg eines Unternehmens, das Wachstum und das Bestehen eines Unternehmens als unabding-bar erachtet [13]. Allerdings besteht zum Begriff **Geschäftsmodell-Innovation** in der Literatur ebenfalls keine einheitliche Definition. Der Begriff Innovation bezeichnet

die zielgerichtete Entstehung und Umsetzung von neuen technischen, wirtschaftlichen, organisatorischen und sozialen Problemlösungen, die zur Erreichung von
Unternehmenszielen auf eine neue Art und Weise führen [20]. Somit bezeichnet eine
Geschäftsmodell-Innovation das Hervorbringen neuer oder die Weiterentwicklung
bestehender Geschäftsmodelle, um Wettbewerbsvorteile zu erlangen [13, 15].

Das Ziel einer Geschäftsmodell-Innovation ist es, das Schaffen von Nutzen und das
Generieren von Umsatz neu zu organisieren bzw. zu optimieren [6, 16]. Dabei werden
entweder einzelne Elemente wie etwa Vertriebskanäle oder das gesamte Geschäfts-
modell verändert [17]. So sprechen beispielsweise Gassmann et al. (2016) von einer
Geschäftsmodell-Innovation, wenn mindestens zwei der vier Geschäftsmodellelemente
Nutzenversprechen, Kundensegment, Ertragsmechanik und Wertschöpfungskette ver-
ändert werden [18]. Dadurch lassen sich neue Kundenbedürfnisse befriedigen und neue
Märkte erschließen [9].

Der **Neuigkeitsgrad einer Innovation** lässt sich mit den Dimensionen Inhalt, Intensität, Subjektivität und Prozess beschreiben [14]. Jede dieser Perspektiven auf eine mögliche Innovation bietet Ansätze zur Weiterentwicklung eines Geschäftsmodells. Der
Inhalt beschreibt, was neu ist. Dabei kann es sich beispielsweise um ein Produkt, eine
Dienstleistung oder einen Prozess handeln. So wird etwa ein bestehendes Produkt neu
konstruiert, indem Bauteile zwecks Gewichtsreduktion mit Hohlräumen versehen werden, was eventuell mit nicht-additiven Fertigungsverfahren wirtschaftlich oder technisch nicht möglich wäre. Eine neue Dienstleistung auf Basis des 3D-Drucks lässt sich
zum Beispiel mit Rapid Repair am Markt anbieten, indem mit 3D-Druck Material zur
Instandhaltung oder Reparatur abgenutzter Komponenten aufgetragen wird. Auch der
Fertigungsprozess kann neu organisiert werden, wenn subtraktive Fertigungsverfahren
wie etwa Drehen oder Fräsen durch additive Fertigungsverfahren substituiert werden.
Statt eines Vertriebsprozesses, der auf den Verkauf physischer Produkte abzielt, werden
eventuell zukünftig nur noch digitale Dateien bzw. Lizenzrechte für den 3D-Druck durch
den Kunden oder 3D-Druckdienstleister verkauft. Die **Intensität** bezeichnet den „Neuigkeitsgrad“: Wie neu ist etwas? Beispielsweise weist die Neuentwicklung eines Druckrohstoffs mit vollkommen neuen Materialeigenschaften eine höhere Innovationsintensität
auf als die Weiterentwicklung eines etablierten Druckrohstoffs im Hinblick auf einen
Aspekt wie etwa die Temperaturbeständigkeit. Das Empfinden des Innovationsgrads
ist stark durch die **Subjektivität** des Betrachtenden geprägt. Insofern ist die Frage zu
beantworten, für wen die Innovation wie neu wirkt, beispielsweise die unterschiedliche
Wahrnehmung eine Produkt- oder Dienstleistungsinnovation aus der Perspektive verschiedener Kundensegmente oder regionaler Märkte. Ebenso ist die Prozess-Dimension
der Leistungserstellung zu betrachten: Wo beginnt, wo endet die Innovation im Wert-
schöpfungsprozess des Unternehmens?

Aufgrund der dynamischen Umweltbedingungen eines Unternehmens wie etwa
sich wandelnde Kundenbedürfnisse oder das Auftreten neuer Wettbewerber müssen die
Möglichkeiten zur Geschäftsmodell-Innovation kontinuierlich analysiert werden.

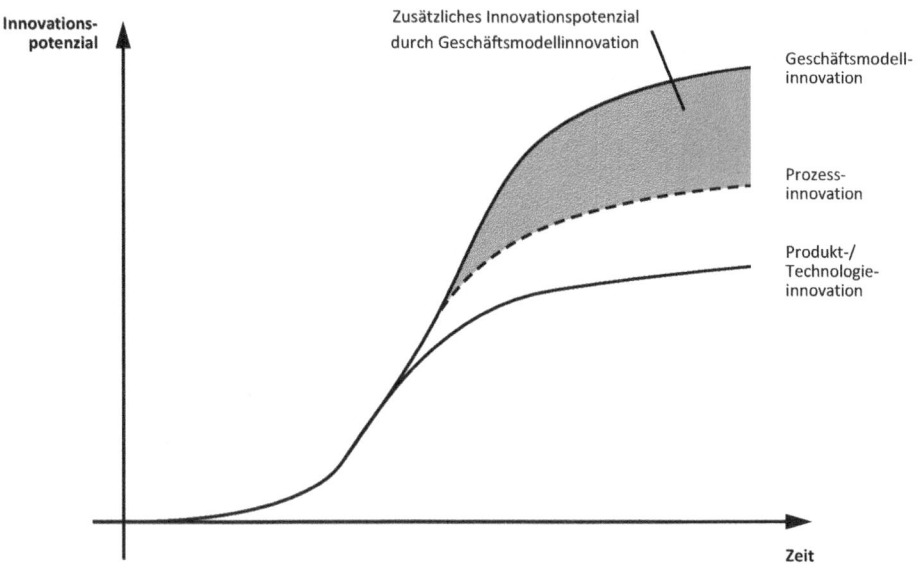

Abb. 3.3 Zusätzliches Innovationspotenzial durch Geschäftsmodell-Innovation. (In Anlehnung an Gassmann et al. 2013 [12])

„Kannibalisiere Dich selbst, bevor es andere tun!"

Verschiedene empirische Studien unterstützen die These, dass Geschäftsmodell-Innovationen ein höheres Potenzial im Hinblick auf langfristige Wettbewerbsvorteile und Profitabilität bieten als reine Produkt- und Prozessinnovationen, vgl. Abb. 3.3.

3.2   Digitale Geschäftsmodelle

Die **Digitalisierung** beeinflusst die Neu- und Weiterentwicklung von Geschäftsmodellen in großem Maße. Dabei wirkt sie in erster Linie als Enabler für neue Nutzenversprechen und Wertschöpfungskonstellationen. Dies betrifft auch die Geschäftsmodelle mit 3D-Druck. Im Folgenden werden Geschäftsmodelle in vier Kategorien mit verschiedenen **Digitalisierungsgraden** eingeteilt: analoge Geschäftsmodelle, analoge Geschäftsmodelle mit digitalisierten Prozessen, digital erweiterte Geschäftsmodelle und digitale Geschäftsmodelle [19]. Abb. 3.4 zeigt die maßgeblichen Eigenschaften digitalisierter Geschäftsmodelle auf.

Analoge Geschäftsmodelle
In analogen Geschäftsmodellen hat die Digitalisierung keinen zentralen Einfluss auf die Wertschöpfung. Es werden analoge Produkte oder Dienstleistungen erstellt und verkauft.

Digitalisierungsgrade von Geschäftsmodellen mit 3D-Druck

Abb. 3.4 Digitalisierungsgrade von Geschäftsmodellen mit 3D-Druck. (In Anlehnung an Appelfeller und Feldmann 2018 [19])

Das Unternehmen unterstützt sowohl seine direkt wertschöpfenden Prozesse als auch die Unterstützungsprozesse nur minimal mit IT-Systemen. Unternehmen mit einem solchen Geschäftsmodell kommen in der betrieblichen Praxis immer seltener vor. Ein analoges Geschäftsmodell mit 3D-Druck stellt z. B. die Auftragsfertigung von Nischenprodukten wie Oldtimer-Ersatzteilen im Rahmen einer Werkstattfertigung dar.

Analoge Geschäftsmodelle mit digitalisierten Prozessen
Bei der der ersten Kategorie von digitalisierten Geschäftsmodellen werden ebenso analoge Produkte oder Dienstleistungen erstellt. Das einzige konstituierende Merkmal, das eine Veränderung erfährt, sind die Prozesse. Sie werden in Bezug auf die Erhöhung von Digitalisierungs-, Automatisierungs- und Integrationsgrad überprüft. Im Kontext des 3D-Drucks müssen neue digitale Prozesse wie etwa der unternehmensübergreifende Datentransfer von Designs abgebildet werden können. Durch einen solchen Datentransfer ist es möglich, Produkte mit einem garantierten Service-Level zur Verfügung zu stellen, indem man Ersatzteile dezentral, beispielsweise bei einem Händler, druckt. Dadurch ändert sich die Wertschöpfungskonstellation, die bereitgestellten Produkte oder Dienstleistungen behalten jedoch ihren bisherigen Charakter. Erlös- und Kostenmodelle ändern sich ebenfalls nicht.

Digital erweiterte Geschäftsmodelle
Um ein Geschäftsmodell digital zu erweitern, können Unternehmen die Schnittstelle zum Kunden digitalisieren. Dies kann je nach Branche unterschiedlichen Charakter haben. Dazu ein Beispiel: Bei einem Hersteller von Greiferfingern für Roboter, der in der Vergangenheit für seine Kunden nach einem aufwendigen, individuellen

Beratungsprozess und eventuell mehreren Versionen von Zeichnungen kundenspezifische Greiffinger produziert hat, bildet nun ein intuitiv zu bedienender Konfigurator im Internet die Kundenschnittstelle ab. Der Kunde entwirft die Greiferfinger selbst und erhält automatisiert ein Angebot. Die Beratung erfolgt nur noch zu den ausgewählten Aspekten, die über den digitalen Konfigurator nicht zu klären sind. Die Daten aus dem Konfigurator werden an entsprechende 3D-Drucker zur Fertigung der kundenindividuellen Greiferfinger übertragen. Damit werden die Kundenschnittstelle und Teile der Produktion digitalisiert, um flexibler, kostengünstiger und schneller auf die Kundenwünsche reagieren und dem Kunden eine gute Visualisierung möglicher Produkte bereitstellen zu können. Im Hinblick auf den Kern des Geschäftsmodells agiert das Unternehmen aber noch wie vorher. Es produziert Greiferfinger und verdient hiermit sein Geld. Nur die Kundenschnittstelle bzw. ausgewählte Prozesse wurden digitalisiert und damit das Geschäftsmodell digital erweitert. Alternativ können Unternehmen ihr Geschäftsmodell durch digitale Produkte und Dienstleistungen erweitern. So kann z. B. ein Maschinenbauer seinen Kunden oder unabhängigen Marktteilnehmern digitale Druckdaten von Ersatzteilen gegen eine entsprechende Gebühr zur Verfügung stellen.

Digitale Geschäftsmodelle
Digitale Geschäftsmodelle lassen sich in zwei Formen unterteilen. Plattformbasierte Geschäftsmodelle mit den Ausprägungen digitale Produkt-, Service- und Entwicklungsplattformen sowie datenbasierte Geschäftsmodelle. **Digitale Plattformen** ermöglichen auf Basis digitaler Technologien, dass Anbieter und Nachfrager zusammenfinden und vereinfacht interagieren können. So schaffen die Plattformen einen Wert, der mit der Anzahl der Nutzer wächst. Das dazugehörige Geschäftsmodell wird auch als **Platform Business** bezeichnet. In diesem Modell haben die Plattformen eine orchestrierende Rolle für das Netzwerk aus Anbietern und Nachfragern, in dem sie neben der Bereitstellung der Plattform die Regeln für ihre Nutzung und das Zusammenspiel aller Beteiligten aufstellen. Eine digitale Plattform ist für eine Kundengruppe (Anbieter) nur dann wertvoll, wenn auch die andere Kundengruppe (Nachfrager) vertreten ist. Auf einer Plattform können Produkte oder Dienstleistungen angeboten, vermittelt oder aber Entwicklungen durchgeführt werden. Beispielsweise werden bei **digitalen Produktplattformen** von Designern erstellte Produkte angeboten und bei Bedarf 3D-gedruckt, bei digitalen Serviceplattformen Anbieter von 3D-Druck-Kapazitäten und Nachfrager zusammengebracht oder bei digitalen Entwicklungsplattformen können Unternehmen gemeinsam mit ihren Lieferanten sogenanntes „Collaborative Engineering" betreiben. Dabei werden unter anderem CAD-Zeichnungen kollaborativ erstellt und mit den Entwicklungspartnern ausgetauscht. Die gemeinsame Bearbeitung sowie die parallele Durchführung der Produktentwicklung können zu Kosten- und Zeitersparnissen führen.

Um ein Platform Business aufzubauen, benötigen Unternehmen sehr viel Kapital, um eine kritische Masse an Nutzern auf beiden Marktseiten aufzubauen (**Henne-Ei-Problem**) und im Wettbewerb um einen sogenannten **Winner-takes-it-all-Markt** zu bestehen. Der Trend geht daher weg von Plattformen und hin zu **datengetriebenen**

Geschäftsmodellen. Das Internet of Things, die oben beschriebenen digitalen Platt-formen, soziale Medien und weitere Quellen im Internet stellen Daten in einem bisher nicht gekannten Umfang zur Verfügung. Diese auch als **Big Data** bezeichneten Daten werden als das Gold des 21. Jahrhunderts bezeichnet. Apple, Amazon, Google und andere große „Player" der Digitalwirtschaft werden nicht zuletzt deshalb so hoch am Kapitalmarkt bewertet, weil sie genau über diese Daten verfügen. Die Auswertung von Daten ermöglicht neue Geschäftsmodelle und unterschiedlichste Optimierungen. Dazu nachfolgend ein Beispiel aus dem 3D-Druck: Datenbanken aggregieren 3D-Designs aus verschiedenen Online-Katalogen und bieten diese auf einem Vergleichsportal analog zu Flugvergleichsportalen an. Entscheidet sich ein Kunde für ein 3D-Modell, so wird er automatisiert zum jeweiligen Anbieter weitergeleitet und das Portal erhält eine Gebühr für die digitale Vermittlung. Noch wertvoller sind jedoch die Daten, die das Portal dabei sammelt. Durch die Vermittlungen ist das Portal in der Lage, Rückschlüsse auf Kunden-bedürfnisse und Trends zu ziehen. Diese Informationen, beispielsweise über trendige Möbeldesigns, kann das Portal dann wieder an Designer und Hersteller verkaufen.

Literatur

1. Wirtz, B. (2015). *Electronic business* (5. Aufl.). Köln: Springer.
2. Voelpel, S., Leibold, M., & Tekie, E. (2004). The wheel of business model reinvention. Institute of Innovation Research. Tokyo, Japan. http://www.iir.hit-u.ac.jp.
3. Casadesus-Masanell, R., & Ricart, J. E. (2010). From strategy to business models and onto tactics. *Long Range Planning, 43*(2–3), 195–215.
4. Chesbrough, H. (2010). Business model innovation: Opportunities and barriers. *Long Range Planning, 43*(2–3), 354–363.
5. Teece, D. J. (2010). Business models, business strategy and innovation. *Long Range Planning, 43*(2–3), 172–194.
6. Amit, R., & Zott, C. (2001). Value creation in E-business. *Strategic Management Journal, 22*(6–7), 493–520.
7. Chesbrough, H. (2007). Business model innovation: It's not just about technology anymore. *Strategy & Leadership, 35*(6), 12–17.
8. Holm, A. B., Günzel, F., & Ulhøi, J. P. (2013). Openness in innovation and business models: Lessons from the newspaper industry. *International Journal of Technology Management, 61*(3/4), 324–348.
9. Osterwalder, A., & Pigneur, Y. (2010). *Business model generation: A handbook for visionaries, game changers, and challengers.* Frankfurt: Campus.
10. Mahadevan, B. (2004). *A framework for business model innovation.* Bangalore: Indian Institute of Management Bangalore.
11. Wirtz, B. W. (2001). *Electronic business.* Wiesbaden: Springer.
12. Gassmann, O., Frankenberger, K., & Csik, M. (2013). *Geschäftsmodelle entwickeln: 55 inno-vative Konzepte mit dem St. Galler business model navigator.* München: Hanser.
13. Buchholz, B., & Wangler, L. (2017). Digitalisierung und neue Geschäftsmodelle. In V. Witt-pahl (Hrsg.), *Digitalisierung* (S. 177–183). Wiesbaden: Springer.

14. Lindgardt, Z., Reeves, M., Stalk, G., & Deimler, M. S. (2013). Business model innovation: When the game gets tough, change the game. In M. Deimler, R. Lesser, D. Rhodes, & J. Sinha (Hrsg.), *Own the future: 50 ways to win from the Boston Consulting Group* (S. 291–298). New Jersey: Boston Consulting Group.

15. Schallmo, D., Rusnjak, A., Anzengruber, J., Werani, T., & Jünger, M. (2017). *Digitale Transformation von GM – Grundlagen, Instrumente und Best Practices*. Wiesbaden: Springer Gabler.

16. Leichsenring, H. (2017). Elf Thesen zu Innovationen in der Finanzbranche. In R. Smolinski, M. Gerdes, M. Siejka, & M. C. Bodek (Hrsg.), *Innovationen und Innovationsmanagement in der Finanzbranche*. Wiesbaden: Gabler.

17. Johnson, M. (2010). *Seizing the white space: Business model innovation for growth and renewal*. Boston: Harvard Business Review Press.

18. Gassmann, O., Frankenberger, K., & Sauer, R. (2016). *Exploring the field of business model innovation: New theoretical perspectives*. Basingstoke: Palgrave Macmillan.

19. Appelfeller, W., & Feldmann, C. (2018). *Die digitale Transformation des Unternehmens: Systematischer Leitfaden mit zehn Elementen zur Strukturierung und Reifegradmessung*. Berlin: Springer.

20. Vahs, D., & Brehm, A. (2015). *Innovationsmanagement: Von der Idee zur erfolgreichen Vermarktung* (5. überarbeitete Aufl.). Stuttgart: Schäffer-Poeschel.

Geschäftsmodell-Innovation mit 3D-Druck

4

4.1 GIN3D-Modell als Orientierungsrahmen

Im Folgenden wird ein Orientierungsrahmen vorgestellt, um mögliche Geschäftsmodell-Innovationen im Kontext des 3D-Drucks systematisch zu identifizieren. Das Akronym GIN3D steht für Geschäftsmodell-Innovation mit 3D-Druck. Dieser Orientierungsrahmen für die systematische Analyse der Wertschöpfungskette eines Unternehmens bietet Ansatzpunkte zur Neu- bzw. Weiterentwicklung der Geschäftsmodelle eines Unternehmens.

> Das **GIN3D-Modell** strukturiert die **Geschäftsmodellmuster** und **Anbieter in der Wertschöpfungskette** des 3D-Drucks (vgl. Abb. 4.1).

Als **Orientierungsrahmen** dient GIN3D der **Strukturierung des Suchfelds** in einzelne Elemente. Dabei gibt das Modell einheitliche und eindeutige Begriffe vor. Auf diesem Weg wird bei den Handelnden ein gemeinsames Grundverständnis erzeugt. Es lässt sich als Ausgangspunkt bzw. „state-of-the-art" nutzen, um darauf aufbauend unternehmensspezifische Modelle zu generieren.

Um Geschäftsmodelle für den 3D-Druck zu diskutieren, reicht es nicht aus, einzelne Akteure und Anwendungen zu betrachten. Der 3D-Druck ist eine Technologie, die ihr Potenzial erst in einem ausgereiften **Geschäftsökosystem** entfalten kann [1]. Der Begriff Geschäftsökosystem bezeichnet in Anlehnung an biologische Systeme in der Natur ein Netzwerk von Wertschöpfungspartnern, die ihre komplementären Fähigkeiten und Kompetenzen für ein gemeinsames Ziel wie etwa ein umfassendes Leistungsangebot für eine Kundengruppe miteinander verknüpfen. So bietet beispielsweise ein Hersteller von Druckrohstoffen Materialien an, die speziell auf die Anforderungen der Druckmaschinen eines bestimmten Herstellers ausgelegt sind.

© Springer Fachmedien Wiesbaden GmbH, ein Teil von Springer Nature 2019
C. Feldmann et al., *Digitale Geschäftsmodell-Innovationen mit 3D-Druck*,
https://doi.org/10.1007/978-3-658-25162-8_4

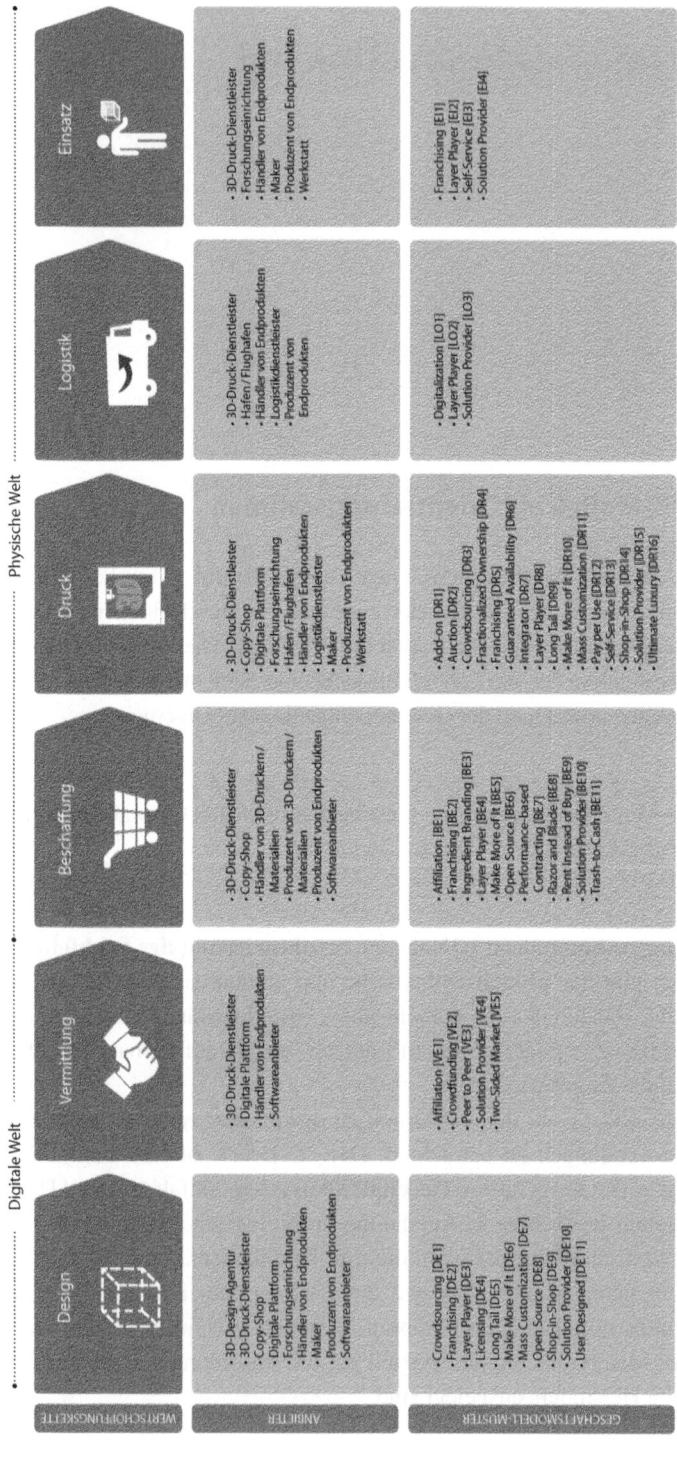

Abb. 4.1 Geschäftsmodellmuster und Anbieter in der Wertschöpfungskette des 3D-Drucks

Zunächst ist ein Verständnis für jedes Element der **Wertschöpfungskette des GIN3D-Modells** zu entwickeln. Die Wertschöpfungskette im 3D-Druck stellt eine Kombination aus digitalen und physischen Wertschöpfungsaktivitäten dar [2, 3, 5]. Bei den digitalen Wertschöpfungstätigkeiten handelt es sich um das Design und die Vermittlung [4, 2, 11, 6] bei den physischen um die Beschaffung, den Druck, die Logistik und den finalen Einsatz [7]. Diese sechs potenziellen Wertschöpfungsstufen werden nachfolgend beschrieben:

- **Design [DE]:** Generell lässt sich ein digitales 3D-Modell als Basis für den Druck auf zwei Wegen erstellen. Zum einen wird ein vorhandenes Objekt beispielsweise über einen Scan vermessen, um so ein digitales Modell quasi als Kopie zu erhalten. Zum anderen lässt sich mithilfe von CAD-Software ein neues Modell generieren. Das Modell wird dann in ein für einen 3D-Drucker lesbares Dateiformat wie etwa STL umgewandelt, aufbereitet und an die Druckmaschine transferiert.
- **Vermittlung [VE]:** Eventuell müssen die verschiedenen Akteure der Wertschöpfung zusammengebracht werden. Das heißt, dass zum Beispiel das Angebot von Designern mit den Druckerkapazitäten von Produzenten und der Nachfrage von Konsumenten gepaart wird. Eine solche Vermittlung findet nicht zwangsläufig in allen Wertschöpfungsketten statt, sodass diese Stufe nur optional ist.
- **Beschaffung [BE]:** Für den 3D-Druck werden Produzenten mit Hardware (3D-Drucker, 3D-Scanner, Ersatzteile), Software für Design und Druck sowie Materialien beliefert. Außerdem müssen eventuell große Mengen an Dateien für den Druck gespeichert, administriert und bedarfsorientiert bereitgestellt werden.
- **Druck [DR]:** Der Drucker wird für den Druck vorbereitet. Das Objekt wird gedruckt, entnommen und ggf. nachbearbeitet.
- **Logistik [LO]:** Das Objekt wird vom Produzenten zum Endkunden (B2B oder B2C) distribuiert.
- **Einsatz [EI]:** Das gedruckte Objekt wird beim Endkunden (B2B, B2C) verwendet.

4.2 Anbieter von Wertschöpfungsaktivitäten beim 3D-Druck

Innerhalb jeder Wertschöpfungsstufe gibt es verschiedene Akteure bzw. Anbieter von Wertschöpfungsaktivitäten. Tab. 4.1 beschreibt typische Anbietergruppen und ihre Aktivitäten in der 3D-Druck-Wertschöpfungskette. Dabei beschränken sich die Aktivitäten einzelner Anbieter nicht zwangsläufig auf eine Wertschöpfungsstufe, vielmehr können sie über mehrere Wertschöpfungsstufen agieren.

Die in Tab. 4.1 vorgestellten Anbieter agieren auf unterschiedlichen Stufen der GIN3D-Wertschöpfungskette. Neben der Wertschöpfungsstufe lassen sie sich anhand

Tab. 4.1 Anbieter von Wertschöpfungsaktivitäten beim 3D-Druck

Anbieter	Beschreibung	Wertschöpfungs-stufe(n)
3D-Design-Agentur	Dienstleister, die auf die Erstellung digitaler 3D-Modelle spezialisiert sind. Dabei kann es sich sowohl um Agenturen als auch um Freelancer handeln	Design
3D-Druck-Dienstleister	Dienstleister, die B2B- und B2C-Kunden ihre Druckmaschinen oder ihr Know-how gegen Entgelt zur Verfügung stellen [8]. Dienstleistungen umfassen unter anderem die Modellierung und Aufbereitung digitaler 3D-Modelle, Druck, Lieferung von Hardware, Software und Druckmaterialien, Entwicklungs- und Anwendungsberatung sowie Zertifizierungen	Design Vermittlung Beschaffung Druck Logistik Einsatz
Copy-Shop	Copy-Shops, die ihr Portfolio an zweidimensionalen Druckerzeugnissen um den 3D-Druck erweitern	Design Beschaffung Druck
Digitale Plattform	Digitale (Online-)Plattformen ermöglichen den Austausch von Daten wie etwa digitalen 3D-Modellen oder Druckaufträgen zwischen zwei oder mehreren Gruppen. In der Regel wird eine Vielzahl von Anbietern mit einer Vielzahl von Nachfragern zusammengebracht, beispielsweise bei Marktplätzen für Lizenzrechte an digitalen 3D-Modellen	Design Vermittlung Druck
Forschungseinrichtung	Hochschulen und andere Forschungseinrichtungen, die in Laboren die Möglichkeiten und Grenzen des 3D-Drucks erforschen	Design Druck Einsatz
Hafen/Flughafen	Knotenpunkte (engl. Hubs) wie beispielsweise See- oder Flughäfen in Distributionsnetzwerken, an denen ein hohes Volumen an transportierten Waren umgeschlagen wird. Diese Drehkreuze sind in vielen Fällen geografisch näher am Endkunden als der Hersteller selbst	Druck Logistik
Händler von 3D-Druckern/ Materialien	Unternehmen, die beispielsweise digitale 3D-Designs, Hardware, Software, Druckerzeugnisse oder Materialien für den 3D-Druck an- und verkaufen	Beschaffung
Händler von Endprodukten	Unternehmen, die Waren kaufen, zu einem Sortiment zusammenführen und ohne Bearbeitung weiterverkaufen. Dabei handelt es sich beispielsweise um Großhändler oder Einzelhändler (stationär oder online). Diese fungieren in einigen Branchen auch als Servicepartner für Hersteller, zum Beispiel Automotive und Landtechnik	Design Vermittlung Druck Logistik Einsatz
Logistikdienstleister	Unternehmen, die sich primär auf logistische und fertigungsnahe Dienstleistungen konzentrieren und diese für Dritte erbringen. Im 3D-Druck-Kontext handelt es sich dabei vor allem um Transportleistungen	Druck Logistik

(Fortsetzung)

Tab. 4.1 (Fortsetzung)

Anbieter	Beschreibung	Wertschöpfungs-stufe(n)
Maker	Privatpersonen, die vor allem in ihrer Freizeit digitale 3D-Modelle entwickeln, teilen und verkaufen. Es handelt sich um eine Community, die viele Innovationen in der digitalen Wertschöpfungskette hervorbringt [9] Einige Maker besitzen ebenso eigene 3D-Drucker	Design Druck Einsatz
Produzent von 3D-Druckern/ Materialien	Hersteller von 3D-Druckern oder Materialien für den Druckprozess. Bei den Materialien kann es sich um Roh-, Hilfs- und Betriebsstoffe handeln	Beschaffung
Produzent von Endprodukten	Unternehmen, die unter Einsatz von 3D-Druck-maschinen Sachgüter erzeugen und veräußern	Design Beschaffung Druck Logistik Einsatz
Softwareanbieter	Unternehmen, die sich auf die Programmierung und den Vertrieb von 3D-Design-Software sowie Software für 3D-Druckprozesse spezialisiert haben	Design Vermittlung Beschaffung
Werkstatt	Unternehmen mit Fokus auf Dienstleistungen in den Bereichen Reparatur und Instandhaltung von Produktionsgütern. Dafür wird eine Vielzahl von Ersatzteilen verwendet	Druck Einsatz

ihrer Geschäftsmodellmuster differenzieren. Ein **Geschäftsmodellmuster** (synonym: Geschäftsmodelltyp) ist eine generelle Beschreibung der Funktionsweise einer Gruppe von Geschäftsmodellen. Das Merkmal einer solchen Gruppe von Geschäftsmodellen ist deren Ähnlichkeit in Bezug auf die in Kap. 3 beschriebenen Elemente und deren Zusammenspiel.

4.3 Geschäftsmodellmuster im 3D-Druck-Ökosystem

Jeder Wertschöpfungsstufe sind im GIN3D-Modell verschiedene Geschäftsmodellmuster zugeordnet. Diese 55 Geschäftsmodellmuster beschreiben den Großteil aller möglichen neuen Geschäftsmodelle, da es sich in den meisten Fällen um die Kombination bereits existierender Ideen, Konzepte und Technologien handelt [10]. Tab. 4.2 erläutert die **29 für den 3D-Druck als relevant identifizierten Geschäftsmodellmuster** in Form einer kurzen Beschreibung und einer beispielhaften Ausprägung für den 3D-Druck. Dabei orientieren sich die Bezeichnungen an den geprägten, englischen Begriffen, die in Theorie und Praxis weit verbreitet sind [10].

Tab. 4.2 Geschäftsmodellmuster im 3D-Druck-Ökosystem. (In Anlehnung an Gassmann et al. 2013 [10].)

Muster	Beschreibung des Musters	Beispiel 3D-Druck
Add-on Separate Verrechnung von Extras	Das Hauptprodukt wird relativ preiswert angeboten, um dann für komplementäre Extras relativ hohe Preise aufzurufen. Ein Beispiel: Ryanair hat mit diesem Modell die Flugindustrie revolutioniert	3D-Druckdienstleister bieten den Druck eines Objekts verhältnismäßig günstig an, verlangen jedoch hohe Preise für Zusatzdienstleistungen wie etwa Qualitätskontrolle oder Nachbearbeitung
Affiliation Eigener Erfolg durch den Erfolg des Partners	Das Unternehmen unterstützt Partner-Unternehmen (engl. Affiliates) dabei, ihre Produkte erfolgreich zu verkaufen, etwa durch das Bereitstellen von Vertriebskanälen oder Marketing. Das unterstützende Unternehmen (engl. Affiliator) erzielt seine Erlöse transaktionsbasiert wie beispielsweise bei pay-per-sale oder pay-per-click. Beispiele sind Flugvergleichsportale, die Kunden auf die Buchungsseiten von Fluglinien leiten (auch Lead-Handel genannt)	Datenbanken aggregieren 3D-Designs aus verschiedenen Online-Katalogen. Entscheidet sich ein Kunde für ein 3D-Modell, so wird er zum jeweiligen Anbieter weitergeleitet. Für diese Weiterleitung zahlt der 3D-Modell-Anbieter eine Gebühr an den Vermittler
Auction Versteigerung	Bei einer Auktion wird ein Produkt oder eine Dienstleistung an den Höchstbietenden versteigert. Damit realisiert der Verkäufer den höchsten vom Kunden akzeptierten Preis. Ein bekanntes Beispiel ist eBay. Eine Auktion kann auch umgekehrt ablaufen. Das heißt, dass der Käufer eine Leistungsspezifikation aufgibt und die Anbieter um den Auftrag konkurrieren. Beispielsweise unterbieten sich Handwerker auf der Online-Plattform MyHammer, um den Auftrag eines Kunden zu erhalten	Verschiedene 3D-Druck-Anbieter bieten in Konkurrenz zueinander um einen Kundenauftrag. Dafür stellt der Kunde sein 3D-Design mit Spezifikationen wie etwa Material, Stückzahl und Lieferdatum auf einer Online-Plattform ein und die Anbieter geben digital Angebote ab
Crowdfunding Schwarmfinanzierung	Ein Produkt oder Projekt wird von einer Gruppe von Investoren finanziert, typischerweise über das Internet. Wird eine definierte Budgethöhe erzielt, so wird das Projekt realisiert. Viele Start-ups nutzen Crowdfunding-Kampagnen, um sich zu finanzieren. Crowdfunding wird in der Regel über Online-Plattformen wie etwa kickstarter.com organisiert, die eine Marge pro Investment erhalten	Es wird Geld für die Finanzierung des Drucks eines speziellen Produktes gesammelt. Dies ist beispielsweise dann interessant, wenn ein Maker eine gute Produkt-Idee hat, die Kosten oder das betriebswirtschaftliche Risiko für die Umsetzung für eine Privatperson jedoch zu hoch erscheinen

(Fortsetzung)

Tab. 4.2 (Fortsetzung)

Muster	Beschreibung des Musters	Beispiel 3D-Druck
Crowd-sourcing Schwarmauslagerung	Die Lösung einer Aufgabe wird an eine anonyme Mitwirkende im Internet (Crowd) vergeben, bzw. ausgelagert. Diesen Akteuren wird für ihren Beitrag ein monetärer Anreiz geboten. Konsumgüterunternehmen wie Procter & Gamble oder Henkel haben in der Vergangenheit die Ideenfindung für neue Produkte an ihre Kunden ausgelagert	Online-Plattformen ermöglichen es Unternehmen, Entwicklungsaufgaben wie die Erstellung eines digitalen 3D-Modells an eine Vielzahl von Freelancern und Hobby-Designern zu vergeben
Digitalization Digitalisierung physischer Produkte	Bestehende physische Produkte werden durch digitale Produkte ersetzt. Diese lassen sich beispielsweise leichter und schnelle distribuieren. Beispiele bieten Musik-Streamingdienste wie Spotify, die physische Tonträger substituieren	Ein Automobilhersteller hält nicht alle Ersatzteile für alle Produktvarianten für 10 Jahre physisch auf Lager. Stattdessen übernimmt ein Dienstleister die Speicherung und Administration der digitalen CAD-Daten der Ersatzteile. Diese werden bei Bedarf durch einen Dienstleister gedruckt (on-demand). Lagerkosten für Teile, Formen und Werkzeuge entfallen
Fractionalized Ownership Effizienter Nutzen durch Teileigentum	Mehrere Nutzer teilen sich Anlagegüter, die kapitalintensiv sind, jedoch nur selten genutzt werden. Das amerikanische Unternehmen NetJets bietet beispielsweise Anteile an Flugzeugen für Geschäftsreisen an	Für Unternehmen, die 3D-Druck in ihren Entwicklungsprozessen für Prototypen oder in der Fertigung nur selten für kundenindividuelle Produktvarianten nutzen, ist das alleinige Eigentum eines Druckers im Hinblick auf Investition, Abschreibungen und Auslastung betriebswirtschaftlich eventuell nicht sinnvoll. Alternativ lassen sich Investition, Nutzung und laufende Kosten einer Druckmaschine mit anderen Unternehmen in der gleichen Situation teilen

(Fortsetzung)

Tab. 4.2 (Fortsetzung)

Muster	Beschreibung des Musters	Beispiel 3D-Druck
Franchising Konzessionierung	Ein Franchisegeber besitzt eine Marke, Corporate Identity (CI) und Produkte. Diese werden gegen Gebühr an Franchisenehmer lizenziert. Bekannte Beispiele sind McDonald's oder BackWerk	Ein Franchisegeber kann 3D-Druckdienstleister lizenzieren, Endprodukte oder Ersatzteile im Namen des Franchisegebers gegen Gebühr zu drucken und zu vertreiben
Guaranteed Availability Garantierte Verfügbarkeit	Ein Produkt oder eine Dienstleistung steht mit einem garantierten Service-Level zur Verfügung. Dies ist beispielsweise wichtig, wenn Ausfallzeiten von Maschinen zu hohen wirtschaftlichen Verlusten führen. Ein Beispiel bietet der Werkzeuganbieter Hilti mit langlaufenden Wartungsverträgen und Leasing-Modellen	Der 3D-Druck ermöglicht es, Ersatzteile dezentral zu drucken. So kann zum Beispiel ein regionaler Servicepartner eines Anlagenbauers für eine Reparatur ein Ersatzteil drucken, wenn er es nicht auf Lager hat und eine internationale Lieferung zeitlich nicht akzeptabel ist. Dies gewährleistet eine hohe Verfügbarkeit der Anlage beim Kunden vor Ort
Ingredient Branding Vermarktung kundenseitig geschätzter „Zutaten"	Einer zugekauften Komponente eines Produkts bzw. der Marke wird kundenseitig so viel Beachtung geschenkt, dass diese beim Verkauf des Endproduktes gesondert ausgewiesen und vermarktet wird. Das bekannteste Beispiel sind Prozessoren von Intel. Der Endkunde überträgt die hohe Produktqualität des Prozessors auf das gesamte Gerät (Laptop/PC)	Derzeit gibt es im Hinblick auf Druckrohstoffe eine Vielzahl an Materialien verschiedener Hersteller. Eventuell setzt sich in Zukunft eine Marke mit besonders guten Druckeigenschaften durch. Die Marke des Materials bzw. des Lieferanten wird beim Verkauf gesondert hervorgehoben, um die Gesamtattraktivität des Endprodukts zu steigern
Integrator Mehrwert durch Integration: Erhöhung der Wertschöpfungstiefe	Ehemals extern vergebene Wertschöpfungsaktivitäten werden in die interne Wertschöpfung des Unternehmens integriert. Ein bekanntes Beispiel ist der Modekonzern Inditex mit seiner Marke Zara, der im Gegensatz zu seiner Konkurrenz den Großteil seiner Kleidung in Eigenregie in Südeuropa produziert und nicht nach Asien auslagert. Der Vorteil ist eine schnelle Reaktionsfähigkeit auf Mode-Trends und die daraus resultierende Nachfragedynamik	Durch den 3D-Druck können sich herstellende Unternehmen unabhängiger von ihren Zulieferern machen, indem sie Komponenten selber drucken und nicht mehr zukaufen. Dies führt unter anderem dazu, dass die Transaktionskosten signifikant sinken

(Fortsetzung)

Tab. 4.2 (Fortsetzung)

Muster	Beschreibung des Musters	Beispiel 3D-Druck
Layer Player Spezialisierung auf eine Wertschöpfungsstufe	Spezialisierung auf eine Stufe oder Aktivität in der Wertschöpfungskette. Diese offeriert das Unternehmen in der Regel auf verschiedenen Märkten für unterschiedliche Branchen. Beispielsweise fokussiert sich der Zahlungsdienstleister PayPal auf den B2C-Online-Zahlungsverkehr	In der 3D-Druck Wertschöpfungskette existieren diverse Spezialisten auf verschiedenen Wertschöpfungsstufen. So gibt es etwa Designagenturen, die sich lediglich auf das Designen digitaler 3D-Modelle fokussieren oder Logistikdienstleister, die sich auf die Überbrückung der „letzten Meile" vom Drucker bis zum Endkunden spezialisiert haben
Licensing Lizenzvergabe	Geistiges Eigentum wird an Geschäfts- oder Privatkunden weitergegeben bzw. es werden Nutzungsrechte eingeräumt. Im Gegenzug zahlt der Lizenznehmer Gebühren an den Lizenzgeber. Ein Beispiel ist Duales System Deutschland GmbH als Betreiber des deutschen Mülltrennungssystems „Der Grüne Punkt"	Ein Maschinenbauer stellt die digitalen 3D-Modelle seiner Ersatzteile anderen Marktteilnehmern wie etwa Reparaturdienstleistern zur Verfügung. Diese drucken gegen eine Lizenzgebühr Ersatzteile. Analog lassen sich druckfähige digitale Modelle an Privatkunden verkaufen, beispielsweise eine Handy-Schutzschale. Die Kunden drucken das Objekt zu Hause auf dem eigenen Drucker oder bei Druckdienstleistern
Long Tail Nischenprodukte	Auch eine Konzentration auf Nischenprodukte kann – kumuliert über eine Vielzahl an Nischenprodukten – zu beachtlichen Erlösen führen. So hat sich Netflix am Anfang nicht auf sogenannte Blockbuster-Filme, sondern auf Serien für kleine Kundensegmente konzentriert	Beim 3D-Druck entfallen sowohl Lagerkosten für „langsam drehende" Produkte als auch Rüstkosten für den Wechsel von Werkzeugen oder Formen bei nicht-additiven Fertigungsverfahren. Dadurch wird der Vertrieb von Nischenprodukten attraktiver. Diese können auftragsbasiert zu wirtschaftlichen Kosten in der Losgröße Eins gedruckt werden (on-demand)

(Fortsetzung)

Tab. 4.2 (Fortsetzung)

Muster	Beschreibung des Musters	Beispiel 3D-Druck
Make More of It Verkauf von Kapazitäten und Know-how	Kapazitäten und Kompetenzen lassen sich nicht nur für die eigene Leistungserstellung einsetzen, sondern können ebenso anderen Unternehmen angeboten werden. Amazon Webservices ist ein treffendes Beispiel. Der Internetriese stellt seine Infrastruktur auch anderen Unternehmen als Dienstleistung zur Verfügung	Kapazitäten: Die Nutzung von Überkapazitäten eigener Druckmaschinen lässt sich an andere Unternehmen verkaufen. Kompetenzen: Fachkräfte können die Druckprozesse anderer Unternehmen betreuen oder beratend tätig sein
Mass Customization Kundenindividuelle Massenproduktion	Individuelle Kundenbedürfnisse werden erfüllt, indem Produkte personalisiert und zu Preisen einer Massenproduktion angeboten werden. Beim Müslihersteller Mymuesli können Kunden ihre individuellen Mischungen zu wettbewerbsfähigen Preisen kaufen	Der 3D-Druck ermöglicht die individuelle Fertigung von auftragsbezogenen Einzelstücken bei geringen bis keinen Rüstkosten. Personalisierte Fußbetten für Schuhe oder medizintechnische Implantate wie etwa Hörgeräte sind in der kundenindividuellen Losgröße Eins wirtschaftlich mit 3D-Druck herstellbar
Open Source Offene(r) Quell-Code der Software bzw. Konstruktion der Hardware	Freier Zugang zum Quell-Code einer Software. Der Softwareanbieter verdient Geld mit komplementären Dienstleistungen wie etwa Beratung. Die bekannteste Open-Source-Software ist Linux von Red Hat. Dieses Muster lässt sich auf technische Details anderer Produkte transferieren	Bei Software zur Erstellung digitaler Modelle für den 3D-Druck und für den Betrieb von 3D-Druckern handelt es sich teilweise um Open-Source-Angebote
Pay per Use Nutzungsabhängige Vergütung	Der Kunde zahlt in Abhängigkeit von seinem Verbrauch bzw. seines Nutzungsverhaltens. Dies bietet ihm eine hohe Flexibilität. Dieses Modell wird unter anderem beim Carsharing wie beispielsweise DriveNow von BMW genutzt	Geschäfts- und Privatkunden erhalten die Möglichkeit, bei Bedarf flexibel auf 3D-Druck-Kapazitäten zurückzugreifen. Dies ist in einigen Laboren (FabLabs) der Fall

(Fortsetzung)

Tab. 4.2 (Fortsetzung)

Muster	Beschreibung des Musters	Beispiel 3D-Druck
Peer-to-Peer Vermittlung unter Gleichen	Beim Peer-to-Peer (P2P) vermitteln Unternehmen zwischen homogenen Gruppen von Individuen wie etwa Endverbrauchern. Dies erfolgt vor allem über Online-Plattformen und Kommunikationsdienstleistungen. Ein Beispiel bietet das Unternehmen Airbnb, das Anbieter privater Wohnungen und Unterkunftssuchende zusammenführt	Online-Plattformen, die Hobby-Designer und Maker mit eigenen Druckern zusammenführen. Denkbar sind auch Transaktionen auf Basis von Tauschgeschäften
Performance-Based Contracting Leistungsabhängige Vergütung	Der Preis für ein Produkt basiert nicht auf seinem physischen Wert, sondern auf dem erbrachten Leistungsergebnis als Dienstleistung. Im Extremfall handelt es sich um ein Betreibermodell, bei dem das Produkt Eigentum des Unternehmens bleibt und nur die abgerufene Leistung (z. B. Nutzungsdauer in Stunden, Leistungsabruf in kWh) als Dienstleistung verrechnet wird (product-as-a-service). Ein Beispiel ist Rolls-Royce, die die Nutzung ihrer Flugzeugturbinen in Flugstunden abrechnen, statt die Turbinen einmalig zu verkaufen	Hersteller und Händler können ihren Kunden die Druckleistung auf Basis der abgerufenen Leistungseinheiten verrechnen. Beispielsweise bezahlt der Kunde einen Preis je gedruckter Gewichtseinheit eines bestimmten Materials oder je Energieeinsatz in Kilowattstunden (kWh)
Razor and Blade Rasierklingen- oder Lockvogelmodell	Bei Razor und Blade (engl. für Rasierer und Klinge) wird das Kernprodukt besonders günstig angeboten, um den Kunden an das Unternehmen zu binden. Der Ertrag wird vor allem mit dem Verkauf von Roh- oder Betriebsstoffen (Verbrauchsmaterial), die mit einer relativ großen Gewinnmarge vertrieben werden, erwirtschaftet. Gillette bei Rasierern und Nestlé Nespresso beim Kaffee sind Beispiele für dieses Modell	Lieferanten von 3D-Druckern und Materialien können die Drucker besonders günstig verkaufen, um eine hohe Marktdurchdringung zu erzielen. Erlöse werden vor allem mit dem Verkauf von komplementären Rohstoffen wie beispielsweise Filamenten erwirtschaftet
Rent Instead of Buy Temporäres Nutzungsrecht gegen Miete	Der Kunde mietet ein Produkt (statt es zu kaufen), um es mit wenig Kapitaleinsatz nutzen zu können. Der Anbieter generiert mehr Erlöse als beim einmaligen Verkauf des Produktes, da die Erlöse über die gesamte Mietdauer erzielt werden. Ein Beispiel sind Autovermietungen wie Sixt oder Europcar	Anstatt sich einen 3D-Drucker zu kaufen, können Unternehmen und Privatpersonen diese bei einem Hersteller oder Händler mieten

(Fortsetzung)

Tab. 4.2 (Fortsetzung)

Muster	Beschreibung des Musters	Beispiel 3D-Druck
Self-Service Kunden übernehmen Wertschöpfungsaktivitäten	Ein Teil der Wertschöpfung wird an den Endkunden delegiert. Im Gegenzug erhält der Kunde einen Preisnachlass oder das Produkt ist schneller verfügbar. Beispiele sind IKEA beim Aufbau von Möbeln oder McDonald's bei der Bestellung von Fastfood	Wenn Kunden eines Maschinenbauers einen Drucker besitzen, so können sie diesen für Rapid Repair einsetzen. Rapid Repair bezeichnet materialauftragende Prozesse zur Instandhaltung oder Reparatur abgenutzter Komponenten. Der Maschinenbauer stellt gegen Gebühr entsprechende Druckdaten für das Ersatzteil zur Verfügung und unterstützt beim Einbau
Shop-in-Shop Symbiotisches Miteinander	Anstatt eigene Läden zu eröffnen, integrieren Unternehmen diese in bestehende Ladenflächen oder auf Internet-Marktplätzen anderer Unternehmen. Das Gast-Unternehmen profitiert vom günstigen Kundenzugang und das gastgebende Unternehmen von neuen Kunden und den Mieteinnahmen. Beispiele sind Tchibo-Shops in Supermärkten oder Mode-Geschäfte in Warenhäusern	3D-Druck-Dienstleister können ihr Angebot in bestehende Warenhäuser oder Supermärkte integrieren: An kleinen Workstations wird das Scannen von Objekten, die digitale Erstellung von 3D-Modellen über CAD-Software und der Druck der Objekte angeboten
Solution Provider Alles aus einer Hand	Ein Full-Service-Anbieter bietet dem Kunden über einen Kontaktpunkt alle Produkte und Dienstleistungen für eine Anwendung oder eine Branche an. Ein Beispiel ist Heidelberger Druckmaschinen	Ein 3D-Druckdienstleister bietet nicht nur den Druck an sich an, sondern verkauft ebenso Hardware, Software und Druckmaterialien sowie alle komplementären Dienstleistungen wie Scanning, Erstellung digitaler 3D-Modelle, Druck, Nachbearbeitung der Objekte und Beratung zur Integration des Drucks in die Prozesskette des Kunden

(Fortsetzung)

Tab. 4.2 (Fortsetzung)

Muster	Beschreibung des Musters	Beispiel 3D-Druck
Trash-to-Cash Monetarisierung von Abfall	Gebrauchte Produkte oder Abfälle werden direkt verkauft oder in neue Produkte transformiert. Auch hier kann das duale System Deutschland als Beispiel dienen	Ein Dienstleister sammelt gegen Gebühr Abfälle des Druckens wie etwa Rohstoffreste oder Stützmaterial bei produzierenden Unternehmen und 3D-Druck-dienstleistern ein, um diese zu recyceln und als aufbereitete Druckrohstoffe oder andere Wertstoffe zu verkaufen
Two-Sided Market Indirekte Netzwerkeffekte auf Plattformen	Interaktionen zwischen verschiedenen Parteien, in der Regel Anbieter und Nachfrager, werden auf einer organisatorischen oder digitalen Plattform erleichtert, bzw. erst ermöglicht. Die Attraktivität einer Plattform steigt mit der Nutzeranzahl auf beiden Seiten (Netzwerkeffekte), beispielsweise die Anzahl an Hotels bei Booking.com und die Anzahl der Zimmersuchenden	Beim 3D-Druck sind vor allem die Online-Plattformen zu nennen, die eine Vermittlungsfunktion zwischen Designern, Produzenten und Endkonsumenten übernehmen
Ultimate Luxury Spitzenqualität, Luxus-Image und Kunden-Privilegien	Angebot hochpreisiger Produkte oder Dienstleistungen mit besonders hoher Qualität oder exklusiven Privilegien für Kunden zwecks Abgrenzung vom Wettbewerb. Dieses Geschäftsmodellmuster verfolgen beispielsweise Anbieter von Luxusuhren wie Patek Philippe oder Rolex	Mit 3D-Druck lassen sich Produkte mit besonderen Strukturen und Geometrien anbieten. Durch konstruktive Optimierung können diese in Bezug auf Funktionalität, Wartbarkeit und Haltbarkeit einen Kundennutzen erzeugen
User Designed Kunde als Wertschöpfungspartner	Anbieter stellen ihren Kunden eine Infrastruktur zur Verfügung, um selber unternehmerisch aktiv zu werden Ein Beispiel dafür ist das Unternehmen Apple, das seinen App-Store für Entwickler von Apps geöffnet hat	3D-Druckanbieter ermöglichen es Kunden, ihre Objekte selber digital mit CAD-Software zu designen und zu drucken. Der Kunde ist eventuell Entwickler (Co-Designer), Produzent (Prosument) und Nutzer (User) zugleich

Literatur

1. Conner, C. (2013). '3D printing is an ecosystem, not a device': Jennifer Lawton, MakerBot. https://www.forbes.com/sites/cherylsnappconner/2013/09/13/3d-printing-is-an-ecosystem-not-a-device-jennifer-lawton-makerbot/#257f009c39df.
2. Piller, F. T., Weller, C., & Kleer, R. (2015). Business models with additive manufacturing – Opportunities and challenges from the perspective of economics and management. In C. Brecher (Hrsg.), *Advances in Production Technology* (S. 39–48). Cham: Springer International Publishing.
3. Brody, P., & Pureswaran, V. (2013). The New Software-Defined Supply Chain, verfügbar unter Somers, New York. https://www-935.ibm.com/services/multimedia/The_new_software-defined_supply_chain_Exec_Report.pdf.
4. Berman, B. (2012). 3-D printing: The new industrial revolution. *Business horizons, 55*(2), 155–162.
5. Rayna, T., & Striukova, L. (2014). The impact of 3D printing technologies on business model innovation. In P. Benghozi, D. Krob, A. Lonjon, & H. Panetto (Hrsg.), *Digital Enterprise Design & Management, Advances in Intelligent Systems and Computing, 261* (S. 119–132). Cham: Springer.
6. Tuck, C. J., Hague, R. J. M., Ruffo, M., Ransley, M., & Adams, P. (2008). Rapid manufacturing facilitated customization. *International Journal of Computer Integrated Manufacturing, 21*(3), 245–258.
7. Rayport, J. F., & Sviokla, J. J. (1995). Exploiting the virtual value chain. *Harvard Business Review, 73*(6), 75–85.
8. Fiedler, A. (2015). 3D-DRUCKDIENSTLEISTER – ARBEITSBERICHT, Wenzel-Schinzer, H. (Hrsg.), Hochschule Merseburg.
9. Diener, K., & Piller, F. T. (2013). The market for open innovation 2013 – The 2013 open innovation accelerator survey (Vol. 2), Lulu, Raleigh, NC.
10. Gassmann, O., Frankenberger, K., & Csik, M. (2013). *Geschäftsmodelle entwickeln: 55 innovative Konzepte mit dem St. Galler business model navigator.* München: Hanser.
11. Lipson, Hod, & Kurman, Melba. (2013). *Fabricated: The new world of 3D printing.* USA: Wiley.

Geschäftsmodellmuster entlang der Wertschöpfungskette des 3D-Drucks

5

5.1 3D-Druck basierte Geschäftsmodellmuster entlang der Wertschöpfungsstufen

Im vorherigen Kapitel wurden Anbieter und generische Geschäftsmodellmuster in der Wertschöpfungskette des 3D-Drucks erläutert und anhand des GIN3D-Modells systematisiert. Tab. 5.1, 5.2, 5.3, 5.4, 5.5, 5.6 stellen alle identifizierten Geschäftsmodellmuster vor, um die Identifikation von Ansatzpunkten zur Neu- oder Weiterentwicklung eines Geschäftsmodells zu unterstützen. Dabei werden potenzielle Anbieter, Praxisbeispiele und relevante Literaturquellen beschrieben. Die Struktur der Analyse basiert auf der GIN3D-Wertschöpfungskette in Abb. 4.1, die sich in die Stufen Design [DE], Vermittlung [VE], Beschaffung [BE], Druck [DR], Logistik [LO] und Einsatz [EI] gliedert.

5.1.1 Design

Siehe Tab. 5.1

© Springer Fachmedien Wiesbaden GmbH, ein Teil von Springer Nature 2019
C. Feldmann et al., *Digitale Geschäftsmodell-Innovationen mit 3D-Druck*,
https://doi.org/10.1007/978-3-658-25162-8_5

Tab. 5.1 3D-Druck-Geschäftsmodelle auf der Wertschöpfungsstufe Design

ID	Muster	Anbieter	Beschreibung	Fallbeispiele in der Praxis	Literatur
[DE1]	**Crowds-ourcing** Schwarm-auslagerung	Digitale Plattform, Softwarean-bieter	Freelancer und Privatpersonen ent-wickeln 3D-Modelle mit CAD-Software und stellen diese im Internet auf einer digitalen Plattform öffentlich oder in einer geschlossenen Community zur Ver-fügung	Thingiverse ist eine Platt-form zum Erstellen und Tauschen von nutzer-generierten 3D-Designs. Quirky ist ein Produkt-De-sign-Spezialist, der von der Crowd erstellte Innovatio-nen realisiert. Die Crowd stimmt wöchentlich über die besten Innovationen ab. Shapeways ist eine 3D-Druck-Plattform, auf der Privatpersonen eigene 3D-Modelle bereitstellen und an andere User weiter-verkaufen	[1–5]
		Produzent von End-produkten	Eine Problemstellung wird an Kunden oder Mitglieder einer Community kommu-niziert, die für eine geringe oder keine Gegenleistung ihre Ideen zur Lösung des Problems einbringen	Spielzeughersteller Hasbro lässt seine Kunden Designs für neue Produkte ent-werfen. Gute Vorschläge werden in der Community veröffentlicht und bei Bedarf gedruckt. Designs, die eine hohe Nachfrage aufweisen, werden in das Produktportfolio für die Serienproduktion integriert	Keine Literatur-quelle identi-fiziert
[DE2]	**Franchi-sing** Konzessio-nierung	3D-Druck-Dienstleister, Copy-Shop	Ein Franchisegeber kann 3D-Druckdienst-leister lizenzieren, Endprodukte oder Ersatzteile im Namen des Franchisegebers gegen Gebühr zu drucken und zu ver-treiben	Der Londoner 3D-Druck-Dienstleister iMakr rollt im Jahr 2018 ein internationales Fran-chising-System aus, um auf 40 Filialen weltweit zu wachsen. Franchisenehmer erhalten unter anderem Markenrechte, Know-how-Transfer, Einkaufsvorteile bei 3D-Druckern und Materialien	Keine Literatur-quelle identi-fiziert

(Fortsetzung)

Tab. 5.1   (Fortsetzung)

ID	Muster	Anbieter	Beschreibung	Fallbeispiele in der Praxis	Literatur
[DE3]	**Layer Player** Spezialisierung auf eine Wertschöpfungsstufe oder Aktivität	3D-Design-Agentur, 3D-Druck-Dienstleister, Forschungseinrichtung, Maker	Erstellung eines digitalen CAD-Modells (Neu, Kopie, Reparatur, Komplementierung) für B2B- oder B2C-Kunden. Integration des Designs von 3D-Modellen in den Produktentwicklungsprozess von produzierenden Unternehmen. Design von druckfähigen 3D-Modellen für Ersatzteile bereits im Rahmen einer Produktneuentwicklung	Urbanmaker: Full-Service für diese Wertschöpfungsstufe (Beratung, Planung, CAD-Design, Scanning) 3yourmind erstellt Mass-Customization-Plattformen für B2B-Kunden	[6, 4, 7, 8]
		Händler von Endprodukten	Scanning von Produkten für B2C-Kunden	ASADA, Walmart und Tesco bieten 3D-Druck-Dienstleistungen wie beispielsweise Scanning und Druck in ausgewählten Filialen an	[9]
		Softwareanbieter	Software zur Vereinfachung und Optimierung des Designprozesses ohne CAD-Kenntnisse	Das deutsche Unternehmen trinckle erstellt webbasierte Produkt-Konfiguratoren für Industriekunden, die diese ihren Kunden zur Verfügung stellen	Keine Literaturquelle identifiziert
[DE4]	**Licensing** Lizenzvergabe	Produzent von Endprodukten	Ein Maschinenbauer stellt anderen Marktteilnehmern (B2B) digitale 3D-Modelle seiner Ersatzteile zur Verfügung, um beispielsweise die weltweite Serviceabdeckung ohne Investition in eigene regionale Niederlassungen zu erhöhen	Kein Fallbeispiel in der Praxis identifiziert	[8]

(Fortsetzung)

Tab. 5.1 (Fortsetzung)

ID	Muster	Anbieter	Beschreibung	Fallbeispiele in der Praxis	Literatur
[DE5]	**Long Tail** Nischen-produkte	3D-Druck-Dienstleister	3D-Druck-Dienstleister bietet Möglichkeiten für Kreative, beispielsweise im Bereich Fashion- oder Interior-Design, oder Tüftler, beispielsweise im Bereich Modellbau, ihre Designs vorzustellen, Feedback zu erhalten und die 3D-Modelle zu drucken	Cubify (3D Systems) ist ein Full-Service-Provider, der B2C-seitig Nischen-nachfrage erfüllt	[10, 11]
[DE6]	**Make More of It** Verkauf von Kapazitäten und Know-how	Forschungs-einrichtung, Maker, Produzent von End-produkten	Kompetenzen: Fachkräfte können andere Unternehmen im Designprozess betreuen oder beratend tätig sein	Kein Fallbeispiel in der Praxis identifiziert	Keine Literatur-quelle identi-fiziert
[DE7]	**Mass Customization** Kunden-individuelle Massen-produktion	Produzent von End-produkten	Geschäftskunde (B2B) lässt sich das Design für indivi-dualisierte Produkte entwickeln	Schunk eGrip: Ein voll-automatisches, web-basiertes 3D-Designtool für additiv hergestellte Greiferfinger. Kuhn-Stoff ist ein Ent-wickler und Hersteller von Sondermaschinenbauteilen. Mithilfe eines Konfigu-rators wurde die Design-zeit kundenindividueller Roboterbauteile von 10 Stunden auf 8 min reduziert	[5, 7]
		Produzent von End-produkten	Privatkunde (B2C) lässt sich das Design für individualisierte Produkte entwickeln	Align Tech.: „Unsichtbare" Zahnspangen. Phits: Individualisierte Ein-lagen für Schuhe. Banneya: Personalisierter Schmuck. Teuscher: Maßgeschnei-derte Schokoladenprodukte mit Früchten, Gewürzen, Nüssen, Süßwaren und ver-schiedenen Kakaosorten	[12, 10, 9, 4, 13–19]

(Fortsetzung)

Tab. 5.1   (Fortsetzung)

ID	Muster	Anbieter	Beschreibung	Fallbeispiele in der Praxis	Literatur
[DE8]	**Open Source** Offene(r) Quell-Code der Software bzw. Konstruktion der Hardware	Softwarean-bieter	Der Kunde hat freien Zugriff auf die Software und kann diese über den Quell-Code nach Belieben verändern. Der Softwarean-bieter verdient Geld mit komplementären Dienstleistungen wie etwa Beratung	SketchUp, Blender und FreeCAD bieten frei zugängliche 3D-Design-Software an	[3]
[DE9]	**Shop-in-Shop** Symbioti-sches Miteinander	3D-Druck-Dienst-leister, Händler von End-produkten	3D-Druck-Dienstleister richtet (dauerhaft oder temporär) eine Verkaufsstelle in einem unternehmensfremden Ladengeschäft ein	Der 3D-Druck-Dienst-leister iMakr druckt in der Weihnachtszeit Geschenke für die Kunden im englischen Warenhaus Selfridges	[9]
[DE10]	**Solution Provider** Alles aus einer Hand	3D-Druck-Dienstleister	Ein Full-Service-An-bieter bietet nicht nur den Druck an sich an, sondern verkauft ebenso Hardware, Software und Druck-materialien sowie alle komplementären Dienstleistungen wie Scanning, Erstellung digitaler 3D-Modelle über CAD-Software, Druck, Nachbe-arbeitung der Objekte und Beratung zur Integration des Druckes in die Prozess-kette des Kunden	Beispiele sind Urbanmaker oder iMakr	[9, 8]
[DE11]	**User Designed** Kunde als Wert-schöpfungs-partner	Digitale Plattform, Softwarean-bieter	Anbieter ermöglichen es ihren Kunden, Objekte selber zu designen und zu drucken. Der Nutzer ist damit eventuell Designer, Produzent und Konsument zugleich	Robohand ist eine von einem User entwickelte und 3D-gedruckte Roboter-hand. Das Design kann frei zugänglich auf Thingiverse abgerufen werden. Quirky ist ein Produkt-De-sign-Spezialist, der von der Crowd erstellte Innovatio-nen realisiert. Die Crowd stimmt wöchentlich über die besten Innovationen ab	[18, 20]

5.1.2 Vermittlung

Siehe Tab. 5.2

Tab. 5.2 3D-Druck-Geschäftsmodelle auf der Wertschöpfungsstufe Vermittlung

ID	Muster	Anbieter	Beschreibung	Fallbeispiele in der Praxis	Literatur
[VE1]	**Affiliation** Eigener Erfolg durch den Erfolg des Partners	Händler von Endprodukten	Ein Meta-Crawler bzw. eine Suchmaschine wird analog zu Flugvergleichsportalen eingesetzt, um 3D-Modelle verschiedener Webseiten zu aggregieren und anzubieten	TraceParts aggregiert 3D-Modelle von Bauteilen aus über 600 Online-Katalogen verschiedener Hersteller in einer Bauteil-Bibliothek. Yeggi ist eine Suchmaschine, die druckbare 3D-Modelle aus verschiedenen Communities und Marktplätzen findet	[3, 21]
[VE2]	**Crowdfunding** Schwarmfinanzierung	Digitale Plattformen	Ein Produkt oder Projekt, zum Beispiel die Entwicklung eines neuen 3D-Druckers zu Erstellung eines bestimmten Produkts, wird von einer Gruppe Investoren finanziert. Wird eine definierte Budgethöhe erzielt, so wird das Projekt realisiert	Crowdfunding im 3D-Kontext wird in der Regel über Online-Plattformen wie etwa kickstarter.com organisiert, die eine Marge pro Investment erhalten	[16, 22]
[VE3]	**Peer-to-Peer** Vermittlung unter Gleichen	Digitale Plattform, Softwareanbieter	Online-Datenbanken und Plattformen für 3D-Modelle ermöglichen es Makern, ihre Modelle untereinander zu teilen	3D Warehouse (ursprünglich Google 3D Galerie) enthält Modelle, die in der kostenlosen Software SketchUp erstellt wurden. Pinshape ist eine 3D-Druck-Community, die das Teilen von 3D-Modellen vereinfacht	Keine Literaturquelle identifiziert

(Fortsetzung)

Tab. 5.2 (Fortsetzung)

ID	Muster	Anbieter	Beschreibung	Fallbeispiele in der Praxis	Literatur
[VE4]	**Solution Provider** Alles aus einer Hand	Vgl. [DE10]	Vgl. [DE10]	Vgl. [DE10]	Vgl. [DE10]
[VE5]	**Two-Sided Market** Indirekte Netzeffekte auf Platt-formen	Digitale Plattform, Software-anbieter	Bietet Designern die Möglichkeit, Produkte zu designen und anzubieten. Lässt diese drucken, wenn Nachfrage besteht (B2C)	Shapeways, Sculpeto, i.materialise, MyMiniFactory sind 3D-Druck-Plattformen mit Druckservice. Der 3D-Druck-Software-anbieter Dassault Système verbindet über die 3DEX-PERIENCE Marketplace Industrieunternehmen mit Branchendienstleistern für Fertigungsdienstleistungen. Industrieunternehmen können Softwarelösungen ohne Entgelt nutzen. Das-sault Système erhält eine Gebühr für Vermittlung von Druckdienstleistern	[9, 23, 10, 1, 2, 8, 16, 24– 26]
		Digitale Plattform	Plattform bringt Anbieter von 3D-Druck-Kapazi-täten und Nachfrager zusammen	3D Hubs, AdditiveHabitat und MakeXYZ vermitteln lokale Drucker-Kapazitäten über eine Plattform	[9, 2, 8, 26]

5.1.3 Beschaffung

Siehe Tab. 5.3

Tab. 5.3 3D-Druck-Geschäftsmodelle auf der Wertschöpfungsstufe Beschaffung

ID	Muster	Anbieter	Beschreibung	Fallbeispiele in der Praxis	Literatur
[BE1]	**Affiliation** Eigener Erfolg durch den Erfolg des Partners	3D-Druck-Dienstleister	3D-Druck-Dienstleister, die produzierende Unternehmen bei der Implementierung des 3D-Drucks beraten, können den Lead an 3D-Druck-Hersteller bzw. Händler weiterverkaufen. Der Begriff Lead bezeichnet im Vertrieb einen qualifizierten Interessenten	Kein Fallbeispiel in der Praxis identifiziert	Keine Literaturquelle identifiziert
[BE2]	**Franchising** Konzessionierung	Vgl. [DE2]	Vgl. [DE2]	Vgl. [DE2]	Vgl. [DE2]
[BE3]	**Ingredient Branding** Vermarktung kundenseitig geschätzter „Zutaten"	3D-Druck-Dienstleister, Produzent von 3D-Druckern/ Materialien	Die Nutzung hochwertiger Druckrohstoffe, die kundenseitig bekannt sind und als qualitativ sehr hochwertig erachtet werden. Der Druckdienstleister wirbt mit ihrer Verwendung, um das Qualitätsimage der Druckrohstoffe auf die Druckobjekte zu transferieren. Zudem kann das Druckmaterial auf einen bestimmten Druckertyp abgestimmt werden. Ebenso kann das Erfüllen des Kundenwunsches, einen vordefinierten Rohstoff in einen druckbaren Rohstoff aufzubereiten, ein Geschäftsmodell sein (sofern noch kein entsprechender Druckrohstoff auf dem Beschaffungsmarkt verfügbar ist)	Im Bereich der Filamente gibt es bereits Zulieferer wie zum Beispiel Polymaker unde Colorfabb, die sich als Premiummarken etabliert haben. Diese stehen für hohe Qualität und Zuverlässigkeit. Es gibt ebenso 3D-Druck-Dienstleister wie etwa Urbanmaker, die ihre Erfahrungen und Expertise dazu nutzen, eigene Filamente für bestimmte Drucker und Anwendungsbereiche unter eigener Marke zu produzieren oder diese produzieren zu lassen	[23]
[BE4]	**Layer Player** Spezialisierung auf eine Wertschöpfungsstufe	3D-Druck-Dienstleister, Produzent und Händler von 3D-Druckern/ Materialien, Softwareanbieter	Herstellung und Handel von Hochleistungsdruckern für die Industrie	EOS, Voxeljet, Ultimaker, Dima 3D sind Hersteller von 3D-Druck-Systemen	[4, 8, 13, 27]

(Fortsetzung)

Tab. 5.3 (Fortsetzung)

ID	Muster	Anbieter	Beschreibung	Fallbeispiele in der Praxis	Literatur
[BE5]	**Make More of It** Verkauf von Kapazitäten und Know-how	Produzent von Endprodukten	Kompetenzen: Einkaufs-experten können andere Unternehmen beim Beschaffungsprozess betreuen oder beratend tätig sein	Kein Fallbeispiel in der Praxis identifiziert	Keine Literaturquelle identifiziert
[BE6]	**Open Source** Offene(r) Quell-Code der Software bzw. Konstruktion der Hardware	Produzent von 3D-Druckern/ Materialien, Softwareanbieter	Druckerhersteller liefern 3D-Drucker, die nach frei zugänglichen Bauplänen erstellt wurden und verändert werden können. Erträge werden durch Bauteil-Sets, Materialien und Services erwirtschaftet	Die Open-Source-Bewegung beim 3D-Druck wurde durch das RepRap-Projekt von Adrian Bowyer an der Universität von Bath in England ins Leben gerufen. Ziel war ein günstiger 3D-Drucker für jedermann, der die meisten seiner Teile selber drucken kann. 3D-Druck-Hersteller Prusa Research verkauft Bauteil-Sets für seine 3D-Drucker. Auch etablierte Anbieter wie Ultimaker öffnen ihre Baupläne für die Community	[1, 21]
[BE7]	**Performance-based Contracting** Leistungs-abhängige Vergütung	3D-Druck-Dienstleister, Produzent und Händler von 3D-Druckern/ Materialien	Der Kunde erhält eine fest definierte 3D-Druck-Leistung für ein vorab festgelegtes Preismodell, beispielsweise einen festen Preis pro gedrucktem Objekt. Denkbar sind unter anderem folgende Szenarien: Drucker steht beim Kunden vor Ort, bleibt aber Eigentum des Anbieters. Abrechnung auf Basis abgerufener Leistungseinheiten. Service-Vertrag über Wartungs- und Instand-haltungsdienstleistungen für Drucker beim Kunden vor Ort. Abrechnung auf Basis einer monatlichen Gebühr. Bestimmte Qualität der Druckaufträge wird durch Dienstleister gewährleistet und über Beratung, Tests und Parametrisierung der Druck-maschine sichergestellt	Kein Fallbeispiel in der Praxis identifiziert	Keine Literaturquelle identifiziert

(Fortsetzung)

Tab. 5.3 (Fortsetzung)

ID	Muster	Anbieter	Beschreibung	Fallbeispiele in der Praxis	Literatur
[BE8]	**Razor and Blade** Rasierklingen- oder Lock- vogelmodell	3D-Druck-Dienst- leister, Produzent und Händler von 3D-Druckern/ Materialien	Druckerhersteller verkaufen Drucker zu einem besonders günstigen Preis bzw. einer niedrigen Marge, um dann vor allem an der Lieferung der Rohstoffe Gewinn zu realisieren. Qualitätsversprechen eines Drucker-Anbieters im Hin- blick auf die Druckobjekte gelten nur bei Verwendung von Druckrohstoffen des gleichen Anbieters. Der Begriff Lock-in bezeichnet eine Kunden- situation, in der ein Wechsel zu einem alternativen Anbieter durch Wechselkosten bzw. -barrieren erschwert wird. In diesem Fall ist dies die Investition in einen anderen Drucker bzw. die Inkaufnahme eines Qualitätsrisikos bei Verwendung eines alternativen Druckrohstoffs	Kein Fallbeispiel in der Praxis identifiziert	[23]
[BE9]	**Rent instead of buy** Temporäres Nutzungsrecht gegen Miete	3D-Druck-Dienst- leister, Produzent und Händler von 3D-Druckern/ Materialien	3D-Drucker werden zur Miete angeboten. Der Kunde hat die Möglichkeit, einen Drucker temporär gegen Entgelt zu nutzen	Pryo3D und doku- team NordWest sind deutsche 3D-Druck-Dienst- leister, die 3D-Dru- cker auf Monatsbasis vermieten. 3D-Druck-Dienst- leister iMakr ver- mietet 3D-Drucker für Events in den USA	Keine Literatur- quelle identi- fiziert
[BE10]	**Solution Provider** Alles aus einer Hand	Vgl. [DE10]	Vgl. [DE10]	Vgl. [DE10]	Vgl. [DE10]
[BE11]	**Trash-to- Cash** Monetari- sierung von Abfall	3D-Druck-Dienst- leister, Produzent und Händler von 3D-Druckern/ Materialien	Ein Dienstleister sammelt gegen Gebühr Abfälle des Druckens wie etwa Rohstoff- reste oder Stützmaterial bei Unternehmen ein, um diese zu recyceln und als aufbereitete Druckrohstoffe oder andere Wertstoffe zu verkaufen	Kein Fallbeispiel in der Praxis identifiziert	Keine Literatur- quelle identi- fiziert

5.1.4 Druck

Siehe Tab. 5.4

Tab. 5.4 3D-Druck-Geschäftsmodelle auf der Wertschöpfungsstufe Druck

ID	Muster	Anbieter	Beschreibung	Fallbeispiele in der Praxis	Literatur
[DR1]	**Add-on** Separate Verrechnung von Extras	3D-Druck-Dienstleister, Copy-Shop, Digitale Plattform, Maker, Werkstatt	Günstiger Druck, aber hochpreisige Nachbearbeitung wie beispielsweise Oberflächenbehandlung	Kein Fallbeispiel in der Praxis identifiziert	Keine Literaturquelle identifiziert
[DR2]	**Auction** Versteigerung	Digitale Plattform	Kunde kann verschiedene Anbieter um Druckauftrag bieten lassen	Kein Fallbeispiel in der Praxis identifiziert	Keine Literaturquelle identifiziert
[DR3]	**Crowdsourcing** Schwarmauslagerung	Digitale Plattform	Eine Plattform gibt Druckaufträge von Unternehmen an lokale Druckerkapazitäten weiter und ermöglicht somit einen schnellen Druck bzw. eine schnelle Lieferung. Damit geht ein gewisses Qualitätsrisiko einher	Kein Fallbeispiel in der Praxis identifiziert	[18]
[DR4]	**Fractionalized Ownership** Effizienter Nutzen durch Teileigentum	Forschungseinrichtung, Produzent von Endprodukten	Mehrere Unternehmen teilen sich die Kapazität von 3D-Druckmaschinen, um sich Investitionen zu teilen und von Synergien bei der Entwicklung zu profitieren	Addlab: In Eindhoven teilen sich mehrere Unternehmen ein 3D-Druck-Lab, um gemeinsam führend im Bereich 3D-Druck zu sein	[7]
[DR5]	**Franchising** Konzessionierung	Vgl. [DE2]	Vgl. [DE2]	Vgl. [DE2]	Vgl. [DE2]

(Fortsetzung)

Tab. 5.4 (Fortsetzung)

ID	Muster	Anbieter	Beschreibung	Fallbeispiele in der Praxis	Literatur
[DR6]	**Guaranteed Availability** Garantierte Verfügbarkeit	3D-Druck-Dienstleister, Copy-Shop, Hafen/Flughafen, Händler von Endprodukten, Logistikdienstleister, Produzent von Endprodukten, Werkstatt	Ersatzteile oder andere zeitkritische Güter können vor Ort gedruckt werden (local manufacturing) und sind somit direkt lieferbar. Dabei können Unternehmen ihre Nähe zum Kunden nutzen und Ersatzteile schnell liefern. Risikoquellen sind sowohl Datensicherheit und -schutz als auch die Prozesssicherheit bei der Auftragsabwicklung	Print Hub am Hafen Rotterdam: Strategisch gute Lage, um Schiffe schnell mit Ersatzteilen zu versorgen. Amazon hat ein Patent für Mobile Manufacturing. Lieferfahrzeuge haben mobile 3D-Drucker an Bord. UPS setzt am Worldport (Standort der UPS Flugzeugflotte) 100 3D-Drucker ein. Damit bietet UPS seinen Geschäftskunden eine Möglichkeit, unerwartete Nachfrage am gleichen Tag zu befriedigen. Die Reederei Maersk hat Containerschiffe mit 3D-Druckern für Metall ausgerüstet, um Ersatzteile auf See drucken zu können und so kostenintensive Hafenliegezeiten zu vermeiden	[12, 9, 5, 7, 14, 15, 17, 28, 30]
		Copy-Shop	3D-Druck-Shops können lokale Nachfrage an Ersatzteilen oder personalisierten Produkten bedienen (local/decentral manufacturing)	Das Münsterländer Unternehmen dokuteam NordWest ist ein Beispiel dafür, dass sich auch 2D-Druckdienstleister zu 3D-Druck-Dienstleistern entwickeln können	[5, 17, 25, 26]

(Fortsetzung)

Tab. 5.4   (Fortsetzung)

ID	Muster	Anbieter	Beschreibung	Fallbeispiele in der Praxis	Literatur
[DR7]	**Integrator** Mehrwert durch Integration: Erhöhung der Wertschöpfungstiefe	Händler von Endprodukten, Produzent von Endprodukten	Ehemals extern vergebene Wertschöpfungsaktivitäten werden in die interne Wertschöpfung des Unternehmens integriert	Ein Beispiel ist das Unternehmen Airbus, das für zahlreiche Bauteile den Weg des sogenannten Insourcings eingeschlagen hat: Statt des ehemaligen Zukaufs über externe Lieferanten werden diese Komponenten nun selbst gedruckt, nicht zuletzt aufgrund der in der Luftfahrt besonders relevanten Gewichtsersparnis durch interne Wabenstrukturen der Bauteile	Keine Literaturquelle identifiziert
[DR8]	**Layer Player** Spezialisierung auf eine Wertschöpfungsstufe	3D-Druck-Dienstleister, Händler von Endprodukten, Maker	Spezialisierung auf Druck von Objekten (verschiedene Materialien, Nachbearbeitung etc.)	Diverse 3D-Druck-Dienstleister	[6, 8]
[DR9]	**Long tail** Nischenprodukte	Produzent von Endprodukten	Direct Manufacturing für Nischen kann sich lohnen, da die Rüstkosten nicht mehr so hoch sind	Die Rolf Lenk Werkzeug-u. Maschinenbau GmbH nutzt den 3D-Druck, um Ersatzteile für wertvolle Oldtimer in Losgröße Eins zu fertigen	[9, 16]
[DR10]	**Make More of It** Verkauf von Kapazitäten und Know-how	Forschungseinrichtung, Maker, Produzent von Endprodukten, Werkstatt	Die Nutzung von Überkapazitäten eigener Druckmaschinen lässt sich an andere Unternehmen verkaufen	Kein Fallbeispiel in der Praxis identifiziert	Keine Literaturquelle identifiziert

(Fortsetzung)

Tab. 5.4 (Fortsetzung)

ID	Muster	Anbieter	Beschreibung	Fallbeispiele in der Praxis	Literatur
[DR11]	**Pay per Use** Nutzungs-abhängige Vergütung	3D-Druck-Dienst-leister, Copy-Shop, Forschungsein-richtungen	Fabrikationsla-bore ermöglichen den Zugang zu Produktionstechno-logien und Prozess-wissen	FabLabs sind offene Werkstätten, die Privatpersonen und Unternehmen Zugang zu Produktions-verfahren für Einzelstücke oder Kleinserien ermög-lichen	[1, 2, 25]
[DR12]	**Self-Service** Kunden übernehmen Wert-schöpfungs-aktivitäten	Händler von End-produkten	Elektronikhändler bieten ihren Kunden in ihrer Filiale den Druck von Objek-ten an	Der deutsche Elektronikhändler Conrad bietet seinen Kunden in einer Münchener Filiale Workstations mit PC, 3D-Scanner und Drucker an	[8]
[DR13]	**Shop-in-Shop** Symbioti-sches Mit-einander	Vgl. [DE9]	Vgl. [DE9]	Vgl. [DE9]	Vgl. [DE9]
[DR14]	**Solution Provider** Alles aus einer Hand	Vgl. [DE10]	Vgl. [DE10]	Vgl. [DE10]	Vgl. [DE10]
[DR15]	**Ultimate Luxury** Spitzen-qualität, Luxus-Image und Kun-den-Privile-gien	Produzent von Endprodukten	Industrieunter-nehmen können Güter erzeugen, die aufgrund der messbaren techni-schen Qualität (z. B. Gewicht, Strömungs-optimierung, Halt-barkeit) oder der emotionalen Qualität (z. B. Ästhetik durch Freiheitsgrade im Design oder neue Geometrien) einem dedizierten Kunden-segment hochpreisig angeboten werden	Der Brillenhersteller MYKITA aus Berlin setzt bei seiner 3D-Druck-Kollektion auf technische Quali-tät im B2C-Kontext. Die Rolf Lenk Werk-zeug-u. Maschinen-bau GmbH nutzt den 3D-Druck, um Ersatz-teile für wertvolle Oldtimer in Losgröße Eins zu fertigen. Die deutsche Bob-by-Car-Manufaktur Bobby Tailor setzt auf den 3D-Druck, um die kleinen Autos originalgetreu und individuell zu fertigen	[7, 14]

5.1.5   Logistik

Siehe Tab. 5.5

Tab. 5.5 3D-Druck-Geschäftsmodelle auf der Wertschöpfungsstufe Logistik

ID	Muster	Anbieter	Beschreibung	Fallbeispiele in der Praxis	Literatur
[LO1]	**Digitalization** Digitalisierung physischer Produkte	Händler von Endprodukten, Logistikdienstleister, Produzent von Endprodukten	Ein Maschinenbauer hält nicht alle Ersatzteile für alle Produktvarianten für 10 Jahre physisch auf Lager. Stattdessen übernimmt er selbst, ein Händler oder ein Dienstleister die Speicherung und Administration der digitalen CAD-Daten der Ersatzteile. Diese werden bei Bedarf gedruckt. Lagerkosten für Teile, Formen und Werkzeuge entfallen	Kein Fallbeispiel in der Praxis identifiziert	Keine Literaturquelle identifiziert
[LO2]	**Layer Player** Spezialisierung auf eine Wertschöpfungsstufe	Hafen/Flughafen, Händler von Endprodukten, Logistikdienstleister	Logistikdienstleister und Händler überbrücken die sogenannte „letzte Meile" vom 3D-Drucker zum Endkunden. Idealerweise druckt der Logistikdienstleister selber, um noch schneller liefern zu können	Kein Fallbeispiel in der Praxis identifiziert	[12]
[LO3]	Solution Provider Alles aus einer Hand	Vgl. [DE10]	Vgl. [DE10]	Vgl. [DE10]	Vgl. [DE10]

5.1.6   Einsatz

Siehe Tab. 5.6

Tab. 5.6 3D-Druck-Geschäftsmodelle auf der Wertschöpfungsstufe Logistik

ID	Muster	Anbieter	Beschreibung	Fallbeispiele in der Praxis	Literatur
[EI1]	**Franchising** Konzessionierung	Vgl. [DE2]	Vgl. [DE2]	Vgl. [DE2]	Vgl. [DE2]
[EI2]	**Layer Player** Spezialisierung auf eine Wertschöpfungsstufe	3D-Druck-Dienstleister, Forschungseinrichtungen, Maker, Werkstatt	Anwendungsberatung sowie Zertifizierungen werden kleinen und mittleren Unternehmen zur Verfügung gestellt	IT IS 3D: Britischer 3D-Druck Dienstleister mit Fokus auf Schulung und Beratung. Urbanmaker: Full-Service im Hinblick auf Beratung, Planung, Scanning etc.	[9, 7, 13, 25]
[EI3]	**Self-Service** Kunden übernehmen Wertschöpfungsaktivitäten	Händler von Endprodukten, Produzent von Endprodukten, Werkstatt	Kunde druckt Ersatzteil am Point-of-Service oder am Gebrauchs- bzw. Verbrauchsort und bekommt eventuell durch Teleservices und Wearables Unterstützung beim Einbau	Die Reederei Maersk hat Containerschiffe mit 3D-Druckern für Metall ausgerüstet, um Ersatzteile auf See drucken zu können und so kostenintensive Hafenliegezeiten zu vermeiden	[8, 18]
[EI4]	**Solution Provider** Alles aus einer Hand	Vgl. [DE10]	Vgl. [DE10]	Vgl. [DE10]	Vgl. [DE10]

5.2   Geschäftsmodell-Potenziale identifizieren

Einige Geschäftsmodelle in der Unternehmenspraxis lassen sich auf mehr als ein Muster zurückführen. So beruht beispielsweise das Geschäftsmodell einer 3D-Druck-Plattform wie Shapeways sowohl auf dem Muster Crowdsourcing als auch auf dem Muster Two-Sided-Market. Insofern entspricht die Analyse der Geschäftsmodellmuster in Tab. 5.1, 5.2, 5.3, 5.4, 5.5, 5.6 nicht vollumfänglich dem sogenannten MECE-Prinzip (engl. für mutually exclusive and collectively exhaustive). Das **MECE-Prinzip** fordert als Regel für die logische, eindeutige Strukturierung von Sachverhalten, dass Unterelemente bezogen auf ein Oberelement vollständig und überschneidungsfrei abzubilden sind. Neben der vorgenannten Überschneidung sind Lücken in der Analyse trotz sorgfältiger Recherche nicht auszuschließen. Insofern erheben die in Tab. 5.1, 5.2, 5.3, 5.4, 5.5, 5.6. vorgestellte Analyse keinen Anspruch auf Vollständigkeit. Vielmehr dient sie dazu, Impulse im Sinne von Denkanstößen für die Geschäftsmodell-Innovation zu liefern. Vor diesem Hintergrund sei auf den zweiten Teil des Buches verwiesen, der als praxisorientiertes Werkzeug die konkrete Entwicklung innovativer Geschäftsmodelle für ein Unternehmen unterstützt.

Geschäftsmodelle sind nicht zwangsläufig auf eine Wertschöpfungsstufe beschränkt. Einige Unternehmen fokussieren sich zwar ausschließlich auf eine Wertschöpfungsstufe wie etwa dem Design (Design-Agentur), andere Unternehmen hingegen auf mehrere Stufen wie beispielsweise Druck, Logistik und Einsatz (Händler von Endprodukten). Bei 3D-Druck-Dienstleistern, die als Full-Service-Provider agieren, erstreckt sich das Geschäftsmodell sogar über die gesamte Wertschöpfungskette. Rayna & Strikukova sprechen in diesem Zusammenhang von kurzen und langen Geschäftsmodellen [9].

Außerdem lassen sich enge und weite Geschäftsmodelle differenzieren. Enge Geschäftsmodelle sind auf einen Markt, ein Produkt oder ein Material begrenzt. Demgegenüber finden weite Geschäftsmodelle Anwendung in diversen Märkten und Produktgruppen. In Kombination mit den Wertschöpfungsstufen resultieren daraus drei **Anpassungsmöglichkeiten eines bestehenden Geschäftsmodells** in horizontale oder vertikale Richtung, die in Abb. 5.1 dargestellt sind: Eine Seitwärts-, Rückwärts- oder Vorwärtsintegration. Im Rahmen einer **Seitwärtsintegration** lässt sich das bestehende Geschäftsmodell auf einen neuen oder verwandten Markt ausdehnen. Zur Abgrenzung eines Marktes dienen dabei sachliche, funktionale oder räumliche Kriterien wie etwa Kundenbedürfnisse, Wettbewerbssituation oder Geografie. Nimmt man beispielsweise einen Hersteller von Sondermaschinenbauteilen, der primär im Automobilbau beschäftigt ist, so kann dieser mithilfe des 3D-Drucks verwandte Märkte wie die Flugzeugbranche oder neue Märkte wie die Medizintechnik integrieren. Bei einer vertikalen **Rückwärtsintegration** werden vorgelagerte Wertschöpfungsaktivitäten, die vorher durch externe Partner erbracht wurden, nun vom Unternehmen selbst übernommen. Beispielsweise bietet ein Copy-Shop im Rahmen seiner Leistungserstellung nicht nur den Druck an sich an, sondern erweitert sein Portfolio um das kundenindividuelle Design

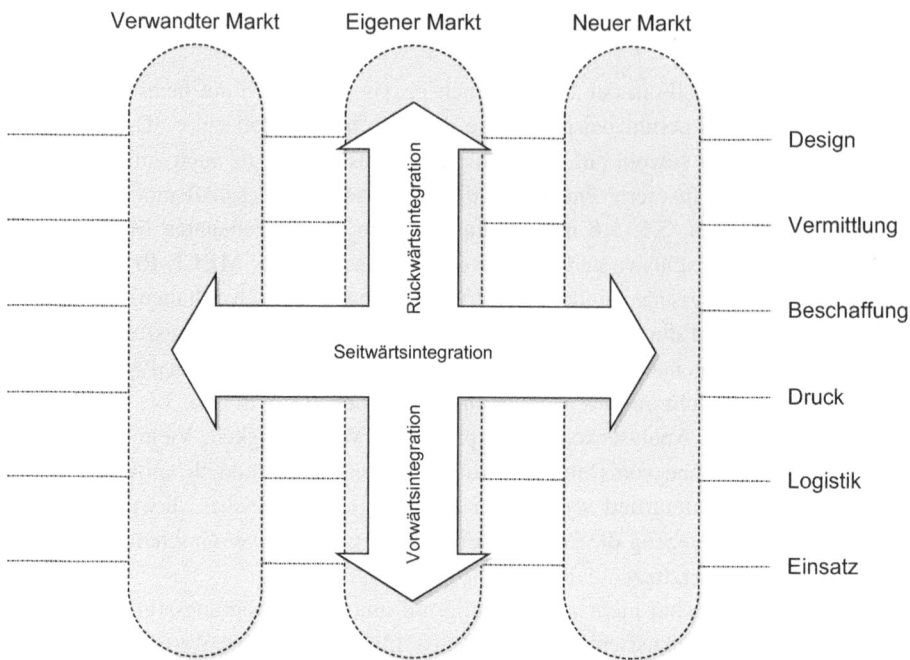

Abb. 5.1 Anpassung von Geschäftsmodellen. (In Anlehnung an Rayna und Strikukova 2016 [9])

digitaler 3D-Modelle. Bei einer **Vorwärtsintegration** werden nachgelagerte Stufen der GIN3D-Wertschöpfungskette ins Unternehmen eingegliedert. Ein Beispiel ist ein 3D-Druckdienstleister, der die Distribution der gedruckten Objekte an regionale Kunden nicht mehr durch einen Logistikdienstleister durchführen lässt, sondern die Auslieferung mit einer firmeneigenen Fahrzeugflotte selbst organisiert.

Nachdem die Gesamtheit der identifizierten 3D-Druck-Geschäftsmodelle (vgl. Tab. 5.1, 5.2, 5.3, 5.4, 5.5, 5.6) und die Richtungen zur Anpassung eines bestehenden Geschäftsmodells vorgestellt wurden (vgl. Abb. 5.1), wird im Folgenden die Frage beantwortet, welches dieser Geschäftsmodellmuster sich am besten für welchen Anbieter-Typ eignet. Dies erfolgt mittels einer sogenannten **Heat Map** (Heat = Hitze; Map = Landkarte), die die Komplexität der Informationsfülle im Sinne einer **Orientierungshilfe** reduziert. Die Visualisierung hilft dabei, aus der Perspektive eines bestimmten Anbietertyps abzulesen, welches Geschäftsmodell für eine Geschäfts-modell-Innovation infrage kommt. Mögliche Kombinationen der beiden Dimensionen Anbieter und Wertschöpfungsstufe sind in Tab. 5.7 farblich hervorgehoben.

Unternehmen können bei der Geschäftsmodell-Entwicklung zwei unterschiedliche strategische Stoßrichtungen verfolgen. Entweder werden erfolgreiche Geschäftsmodelle anderer Anbieter im Sinne einer „Me-Too"-Strategie (engl. für Nachahmer-Strategie) adaptiert oder es wird ein neuer Weg im Sinne einer Pionier-Strategie beschritten. Im

Tab. 5.7 Heat Map zu Geschäftsmodell-Potenzialen je Anbieter und Wertschöpfungsstufe

| Anbieter | Wertschöpfungsstufe im GIN3D-Modell | | | | | |
	Design [DE]	Vermittlung [VE]	Beschaffung [BE]	Druck [DR]	Logistik [LO]	Einsatz [EI]
3D-Design-Agenturen	Layer Player [DE3]					
3D-Druck-Dienstleister	Franchising [DE2] Layer Player [DE3] Long Tail [DE5] Shop-in-Shop [DE9] Solution Provider [DE10]	Solution Provider [VE4]	Affiliation [BE1] Franchising [BE2] Layer Player [BE4] Performance-based Contracting [BE7] Razor and Blade [BE8] Rent instead of buy [BE9] Trash-to-Cash [BE11]	Add-on [DR1] Franchising [DR5] Guaranteed Availability [DR6] Layer Player [DR8] Pay per Use [DR11] Shop-in-Shop [DR13] Solution Provider [DR14]	Solution Provider [LO3]	Franchising [EI1] Layer Player [EI2]
Copy-Shop	Franchising [DE2]		Franchising [BE2]	Add-on [DR1] Franchising [DR5] Guaranteed Availability [DR6] Pay per Use [DR11]		Franchising [EI1]
Digitale Plattform	Crowdsourcing [DE1] User Designed [DE11]	Crowdfunding [VE2] Peer-to-Peer [VE3] Two-Sided Market [VE5]		Add-on [DR1] Auction [DR2] Crowdsourcing [DR3]		
Forschungseinrichtung	Layer Player [DE3] Make More of It [DE6]			Fractionalized Ownership [DR4] Make More of It [DR10] Pay per Use [DR11]		Layer Player [EI2]

(Fortsetzung)

Tab. 5.7 (Fortsetzung)

	Wertschöpfungsstufe im GIN3D-Modell					
Anbieter	Design [DE]	Vermittlung [VE]	Beschaffung [BE]	Druck [DR]	Logistik [LO]	Einsatz [EI]
Hafen/Flughafen				Guaranteed Availability [DR6]	Layer Player [LO2]	
Händler von 3D-Druckern und/ oder Materialien			Layer Player [BE4] Performance-based Contracting [BE7] Razor and Blade [BE8] Rent instead of buy [BE9] Trash-to-Cash [BE11]			
Händler von Endprodukten	Layer Player [DE3] Shop-in-Shop [DE9]	Affiliation [VE1]		Guaranteed Availability [DR6] Integrator [DR7] Layer Player [DR8] Self-Service [DR12] Shop-in-Shop [DR13]	Digitalization [LO1] Layer Player [LO2]	Self-Service [EI3]
Logistikdienstleister				Guaranteed Availability [DR6]	Digitalization [LO1] Layer Player [LO2]	
Maker	Layer Player [DE3] Make More of It [DE6]			Add-on [DR1] Layer Player [DR8] Make More of It [DR10]		Layer Player [EI2]

(Fortsetzung)

Tab. 5.7   (Fortsetzung)

	Wertschöpfungsstufe im GIN3D-Modell					
Anbieter	Design [DE]	Vermittlung [VE]	Beschaffung [BE]	Druck [DR]	Logistik [LO]	Einsatz [EI]
Produzent von 3D-Druckern und/ oder Materialien			Ingredient Branding [BE3] Layer Player [BE4] Open Source [BE6] Performance-based Contracting [BE7] Razor and Blade [BE8] Rent instead of buy [BE9] Trash-to-Cash [BE11]			
Produzent von Endprodukten	Crowdsourcing [DE1] Licensing [DE4] Make More of It [DE6] Mass Customization [DE7]		Make More of It [BE5]	Fractionalized Ownership [DR4] Guaranteed Availability [DR6] Integrator [DR7] Long Tail [DR9] Make More of It [DR10] Ultimate Luxury [DR15]	Digitalization [LO1]	Self-Service [EI3]
Softwareanbieter	Crowdsourcing [DE1] Layer Player [DE3] Open Source [DE8] User Designed [DE11]	Peer-to-Peer [VE3] Two-Sided Market [VE5]	Layer Player [BE4] Open Source [BE6]			
Werkstatt				Add-on [DR1] Guaranteed Availability [DR6] Make More of It [DR10]		Layer Player [EI2] Self-Service [EI3]

Kontext des 3D-Drucks scheinen beide Ansätze Erfolg versprechend. Das Kopieren bestehender Geschäftsmodelle im Sinne einer „Me-Too"-Strategie kann beispielsweise in einer neuen Branche ein Alleinstellungsmerkmal im Vergleich zum Wettbewerb darstellen. Ebenso lassen sich etablierte Geschäftsmodelle auf neue Materialien bzw. 3D-Druckverfahren anwenden. Eine Pionier-Strategie, bei der das Unternehmen als erstes ein neues Produkt oder eine neue Dienstleistung auf den Markt bringt, bietet ebenso Potenzial. Dabei ist die Grundidee der sogenannten Blue-Ocean-Strategie, dass Unternehmen neue Märkte schaffen und den Kunden innovative Produkte und Dienstleistungen anbieten, statt den Kampf mit dem Wettbewerb in stark umkämpften Märkten (Red Ocean) zu suchen [29]. Hierfür bietet der 3D-Druck aufgrund seiner technischen Eigenschaften vielfältige Möglichkeiten.

An dieser Stelle ist anzumerken, dass es zwar leicht ist, die konzeptionelle Grundidee eines auf 3D-Druck basierenden Geschäftsmodells eines Unternehmens zu kopieren. Allerdings ist eine stabile, qualitativ hochwertige Fertigung aktuell noch in einem hohen Maße vom Erfahrungswissen abhängig. Vom aus der Informationstechnik bekannten Ansatz „Plug-and-Play" im Sinne eines „Anschließen und Loslegen" ist die Technologie noch einige Jahre entfernt. Darüber hinaus liegt der Erfolg eines 3D-Druck-Geschäftsmodells in der Regel im Geschäftsökosystem. Die erfolgreiche Zusammenarbeit verschiedener Partner entlang der 3D-Druck-Wertschöpfungskette lässt sich jedoch nur schwer imitieren (vgl. Kap. 6).

Literatur

1. Piller, F. T., Weller, C., & Kleer, R. (2015). Business models with additive manufacturing — Opportunities and challenges from the perspective of economics and management. In C. Brecher (Hrsg.), *Advances in Production Technology* (S. 39–48). Cham: Springer International Publishing.
2. Cautela, C., Pisano, P., & Pironti, M. (2014). The emergence of new networked business models from technology innovation: An analysis of 3-D printing design enterprises. *International Entrepreneurship and Management Journal, 10*(3), 487–501.
3. Fiedler, A. (2017). 3D@KMU, von der Idee zum Objekt – ARBEITSBERICHT, Wenzel-Schinzer, H. (Hrsg.), Hochschule Merseburg.
4. Montes, J. (2016).Impacts of 3D printing on the development of new business models: Technology and service complementarity in industry 4.0. IEEE European Technology and Engineering Management Summit Institute of Electrical and Electronics Engineers E-TEMS, Piscataway, NJ. http://ieeexplore.ieee.org/servlet/opac?punumber=7906733.
5. Muita, K., Westerlund, M., & Rajala, R. (2015). The evolution of rapid production: How to adopt novel manufacturing technology. *IFAC-PapersOnLine, 3,*32–37.
6. Fiedler, A. (2015). 3D-DRUCKDIENSTLEISTER – ARBEITSBERICHT, Wenzel-Schinzer, H. (Hrsg.), Hochschule Merseburg.
7. PricewaterhouseCoopers B.V. (2015). Turning additive manufacturing into business: Opportunities and challenges encountered in discussions on field cases, Netherlands. https://www.pwc.nl/en/assets/documents/pwc-turning-additive-manufacturing-into-business.pdf.

8. Rogers, H., Baricz, N., & Pawar, K. (2016). 3D printing services: Classification, supply chain implications and research agenda. *International Journal of Physical Distribution & Logistics Management, 46,* 886–907.

9. Rayna, T., & Striukova, L. (2016). From rapid prototyping to home fabrication: How 3D printing is changing business model innovation. *Technological Forecasting and Social Change, 48*(102), 214–224.

10. Bromberger, J., & Kelly, R. (2017). Additive manufacturing: A long-term game changer for manufacturers. https://www.mckinsey.com/business-functions/operations/our-insights/additive-manufacturing-a-long-term-game-changer-for-manufacturers.

11. Pisano, P., Pironti, M., & Rieple, A. (2015). Identify innovative business models: Can innovative business models enable players to react to ongoing or unpredictable trends? *Entrepreneurship Research Journal, 5*(3), 181–199.

12. Müller, A., & Karevska, S. (2016). How will 3D printing make your company the strongest link in the value chain: EY's Global 3D printing Report 2016. Ernst & Young GmbH Wirtschaftsprüfungsgesellschaft GmbH, Germany. http://www.ey.com/Publication/vwLUAssets/ey-global-3d-printing-report-2016-full-report/$FILE/ey-global-3d-printing-report-2016-full-report.pdf.

13. Flammini, S., Arcese, G., Lucchetti, M., & Mortara, L. (2017). Business model configuration and dynamics for technology commercialization in mature markets. *British Food Journal, 119*(11), 2340–2358.

14. Lutter-Günther, M., Seidel, C., Reinhart, G., & Baader, A. (2015). Geschäftsmodelle für den Einsatz der additven Fertigung in der industriellen Praxis: Business Models for Additive Manufacturing Application. http://publica.fraunhofer.de/eprints/urn_nbn_de_0011-n-3526433.pdf.

15. Jia, F., Wang, X., Mustafee, N., & Hao, L. (2015). Investigating the feasibility of supply chain-centric business models in 3D chocolate printing: A simulation study. *Technological Forecasting and Social Change, 102,* 202–213.

16. Matias, E., & Rao, B. (2015). 3D printing: On its historical evolution and the implications for business, Paper presented at the Management of Engineering and Technology (PICMET), 2015 Portland International Conference on.

17. Ryan, M., Eyers, D., Potter, A., Purvis, L., & Gosling, J. (2017). 3D printing the future: Scenarios for supply chains reviewed. *International Journal of Physical Distribution & Logistics Management, 47,* 992–1014.

18. Thomas, O., Kammler, F., & Sossna, D. (2015). Smart Services: Geschäftsmodellinnovationen durch 3D-Druck. https://link.springer.com/content/pdf/10.1007/s35764-015-0590-1.pdf.

19. Yu, Y., Ru, H. Y., & Tian, Y. J. (2015). The online business model of individual customization accessories. International Conference on Artificial Intelligence and Industrial Engineering, S. 181–183.

20. Naik, H. S., & Möslein, K. (2014). Dynamic Interfaces for User Innovation, Paper presented at the Open and User Innovation Conference 2014, Boston.

21. Petersen, E., & Pearce, J. (2017). Emergence of home manufacturing in the developed world: Return on investment for open-source 3-D printers. *Technologies, 5*(1), 7.

22. Umair, M., & Kim, W. S. (2015): An Online 3D Printing Portal for General and Medical Fields, Paper presented at the Computational Intelligence and Communication Networks (CICN), 2015 International Conference.

23. Winterhalter, S., Gassmann, O., & Wecht, C. (2014). Die Zukunft wird gedruckt – Aber wie wird sie verkauft? Geschäftsmodelle für die nächste industrielle Revolution. https://www.alexandria.unisg.ch/230162/1/Im%2Bio_Die%20Zukunft%20wird%20gedruckt.pdf.

24. Chen, T., & Lin, Y. (2017). Feasibility evaluation and optimization of a smart manufacturing system based on 3D printing: A review. *International Journal of Intelligent Systems, 13*(32), 394–413.
25. Holzmann, P., Breitenecker, R., Soomro, A., & Schwarz, E. (2017). User entrepreneur business models in 3D printing. *Journal of Manufacturing Technology Management, 28*(1), 75–94.
26. Laplume, A., Anzalone, G., & Pearce, J. (2016). Open-source, self-replicating 3-D printer factory for small-business manufacturing. *The International Journal of Advanced Manufacturing Technology, 85*(1–4), 633–642.
27. Pajares, J., Lopez-Paredes, A., & Hernandez, C. (2016): Technology Start-up Firms as a Portfolio of Projects: The Case of DIMA 3D, Procedia – Social and Behavioral Sciences(226), S. 59–66.
28. Liu, P., Huang, S., Mokasdar, A., Zhou, H., & Hou, L. (2014). The impact of additive manufacturing in the aircraft spare parts supply chain: Supply chain operation reference (scor) model based analysis. *Production Planning & Control, 25*(13–14), 1169–1181.
29. Kim, C., & Mauborgne, R. (2015). *Blue ocean strategy, expanded edition: How to create uncontested market space and make the competition irrelevant.* Boston: Harvard Business Review Press.
30. Bauer, D., Borchers, K., Burkert, T., Ciric, D., Cooper, F., Ensthaler, J., Gaub, H., Gittel, H., Grimm, T., Hillebrecht, M., Kluger, P., Klöden, B., Kochan, D., Kolb, T., Lenz, J., Löber, L., Marquardt, E., Munsch, M., Müller, M., Müller-Lohmeier, K., Müller-ter Jung, M., Schaeflein, F., Seidel, C., Schwandt, H., van de Vrie, R., Witt, G., & Zäh, M. (2016). *Handlungsfelder Additive Fertigungsverfahren.* Düsseldorf: Verein Deutscher Ingenieure.

Geschäftsmodellmuster mit 3D-Druck für KMU

6

6.1 Merkmale von KMU

Ein Blick auf die Verteilung deutscher Unternehmen nach der Unternehmensgröße verdeutlicht das Potenzial und die Relevanz des Mittelstands in Deutschland. Mit einem Anteil von 99 % an der Anzahl aller Unternehmen, bilden kleine und mittlere Unternehmen (KMU) das Rückgrat der deutschen Wirtschaft [1]. Im vorherigen Kapitel wurde eine Fülle von Geschäftsmodellen für verschiedene Anbietergruppen vorgestellt. Dabei wurden alle Anbieter im 3D-Druck-Ökosystem unabhängig von der Größe des Unternehmens betrachtet. Im folgenden Abschnitt werden relevante Geschäftsmodelle für KMU vorgestellt, bei denen der 3D-Druck bisher nicht den Kern des Geschäftsmodells darstellt. KMU sind gemäß der Richtlinie der Europäischen Kommission als Unternehmen definiert, die weniger als 250 Mitarbeiter beschäftigen und deren Umsatzvolumen 50 Mio. EUR oder eine Jahresbilanzsumme von 43 Mio. EUR nicht übersteigt [2]. Jedoch lassen sich KMU im Hinblick auf Geschäftsmodell-Innovationen anhand **führungs-, organisations- und personalspezifischer Merkmale** treffender charakterisieren als auf Basis betriebswirtschaftlicher Kennzahlen [3]. Nach Mugler (2008) treffen folgende Merkmale auf KMU zu [4]:

- Die Persönlichkeit des Unternehmers, der vielfach auch Leiter und Eigentümer ist, prägt das Unternehmen.
- Der Unternehmer verfügt über ein Netzwerk persönlicher Kontakte zu Kunden, Lieferanten und anderen Partnern im Wertschöpfungsnetzwerk.
- Das Unternehmen erstellt Produkte und Dienstleistungen nach individuellen Wünschen der Kunden.
- Die Kontakte zwischen der Unternehmensleitung und den Mitarbeitern sind durch kurze Wege und informellen Austausch gekennzeichnet.
- Die Organisation weist einen geringen Grad an Formalisierung auf.

© Springer Fachmedien Wiesbaden GmbH, ein Teil von Springer Nature 2019
C. Feldmann et al., *Digitale Geschäftsmodell-Innovationen mit 3D-Druck,*
https://doi.org/10.1007/978-3-658-25162-8_6

- Auf Umweltveränderungen kann schnell und flexibel reagiert werden.
- Das Unternehmen wird nicht von einem größeren Unternehmen wie etwa im Rahmen eines Konzerns beherrscht.
- Das Unternehmen hat nur einen verhältnismäßig kleinen Marktanteil.

Diese Merkmale sind nicht als konstituierende Merkmale für KMU zu verstehen, die in ihrer Gesamtheit für die Klassifizierung erfüllt sein müssen: Nicht jedes Merkmal trifft auf jedes KMU zu. So gibt es etwa KMU mit beachtlichen Marktanteilen bis hin zu Marktführern in bestimmten Nischen.

6.2   Ausgewählte Geschäftsmodellmuster für KMU

Für die folgenden Ausführungen wird der Betrachtungsumfang auf diejenigen Anbieter eingeschränkt, die die vorgenannten KMU-Merkmale erfüllen und bei denen der 3D-Druck bisher keine zentrale Rolle im Geschäftsmodell einnimmt. Abb. 6.1 stellt diesen Selektionsprozess dar. Dies trifft vor allem auf Copy-Shops, Händler von Endprodukten, Logistikdienstleister, Produzenten von Endprodukten und Werkstätten zu. Für diese Anbieter werden im Folgenden relevante Geschäftsmodellmuster abgeleitet und detailliert erläutert. Für Produzenten von Endprodukten sind dies die Muster Mass Customization, Self-Service, Ultimate Luxury und Long Tail. Für Händler, Werkstätten, Copy-Shops und Logistikdienstleister bietet das Geschäftsmodellmuster Guaranteed Availability großes Potenzial.

Kundenindividuelle Fertigung kleiner Auftragsgrößen zu konkurrenzfähigen Preisen
Die Fertigung kundenindividueller Produkte gehört vielfach zu den Kernkompetenzen von KMU. Mithilfe des 3D-Drucks lassen sich individuelle Produkte wirtschaftlich in der Los-

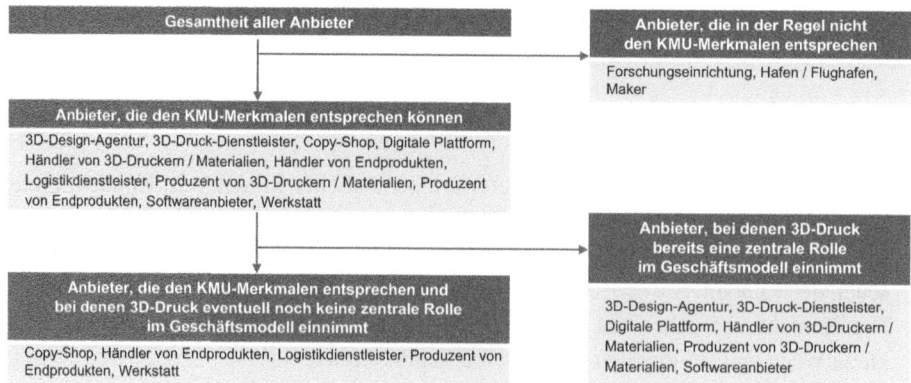

Abb. 6.1 Selektionsprozess von Anbietern nach KMU-Merkmalen und 3D-Druck-Ausrichtung

größe Eins anbieten, da Rüst- und Werkzeugkosten bei der Fertigung entfallen. Damit lässt sich das Geschäftsmodellmuster der **Mass Customization** wirtschaftlich realisieren.

Mass Customization: Bei Mass Customization werden individuelle Kundenbedürfnisse erfüllt, indem Produkte personalisiert und zu Preisen einer Massenproduktion angeboten werden.

Um Kunden langfristig zu binden, sollte eine möglichst einfache Schnittstelle zwischen Kunden und Unternehmen für die Auftragsabwicklung geschaffen werden, beispielsweise in Form eines Online-Konfigurators für die auftragsindividuelle Spezifikation von Produktvarianten. Ein Beispiel: Um den Auftragsabwicklungsprozess effizient zu beschleunigen, hat das Unternehmen Schunk, ein deutscher Hersteller für Greifsysteme, gemeinsam mit dem 3D-Druck-Dienstleister Materialise die Kundenschnittstelle eGrip entwickelt. Dabei handelt es sich um ein vollautomatisches, webbasiertes 3D-Designtool für additiv hergestellte Greiferfinger. Über dieses Designtool können die Kunden im **Self-Service** ihre gewünschten Produkte online selbst konstruieren und bestellen [5].

Ausbau der Qualitätsführerschaft

„Made in Germany" ist ein international anerkanntes Gütesiegel. Den guten Ruf der deutschen Industrie verantworten neben den Großunternehmen vor allem die Mittelständler. Durch die Einführung des 3D-Drucks können KMU solche Güter herstellen, die aufgrund der messbaren technischen Qualität (Gewicht, Strömungsoptimierung, Haltbarkeit etc.) oder der emotionalen Qualität (Ästhetik durch Freiheitsgrade im Design, neue Geometrien etc.) einem dedizierten Kundensegment hochpreisig angeboten werden. Auf diesem Wege lässt sich das Geschäftsmodellmuster **Ultimate Luxury** realisieren. Dies bietet zum Beispiel Potenziale zur Geschäftsmodellentwicklung für Zulieferer in der Automobil- und Luftfahrtindustrie, in denen viel Wert auf hohe Qualität gelegt wird. Schon heute werden über 1.000 3D-gedruckte Teile im Airbus A350 verbaut [6]. Der Brillenhersteller MYKITA aus Berlin setzt bei seiner 3D-Druck-Kollektion auf technische Qualität im B2C-Kontext [7]. Die Brillen sind individuell anpassbar, sehr leicht, langlebig und haben eine besondere Pulverbeschichtung. Dass man auch mit der Ästhetik von Produkten Wettbewerbsvorteile erzeugen kann, zeigen Inneneinrichter, die mithilfe des 3D-Drucks neue Geometrien wie beispielsweise organische Formen bei Einrichtungsgegenständen erzeugen, die mit nicht-additiven Fertigungsverfahren nicht oder nur zu Kosten, denen keine Zahlungsbereitschaft des Kunden gegenübersteht, hergestellt werden könnten.

Das Potenzial der Nischenmärkte nutzen

Das Unternehmen Rolf Lenk Werkzeug- u. Maschinenbau GmbH ist ein Beispiel für das Geschäftsmodellmuster **Long Tail**. Mithilfe von drei 3D-Druckern kann der Mittelständler auch Nischenmärkte mit geringer Nachfrage bedienen. Ein solcher Markt ist

beispielsweise die Ersatzteilversorgung für Oldtimer. Ein Fallbeispiel bei dem Ahrens-
burger Unternehmen: Der Nachbau vom Deckel eines regulär nicht mehr lieferbaren
Steuergehäuses für einen Cadillac Eldorado, Baujahr 1967. Viele KMU sind es gewohnt,
in kleineren Losgrößen zu fertigen. Bei der Auftragsabwicklung von Sonderaufträgen
ist vor allem die geringe Formalisierung der Organisation von Vorteil. Innerhalb kür-
zester Zeit können Projekt- und Fertigungsleiter über die technische Umsetzbarkeit
sowie die Wirtschaftlichkeit eines Projektes entscheiden. Der Unternehmensleiter kann
auf kurzem, informellen Wege in die Entscheidungsfindung einbezogen werden. Durch
den 3D-Druck lassen sich sowohl Entwicklungskosten als auch die Kosten für die Neu-
einführung von Produkten und die laufende Fertigung reduzieren (vgl. Kap. 2). Rapid
Prototyping in der Produktentwicklung erzielt nicht nur Vorteile im Hinblick auf Zeitbedarf, Qualität und Design. Ebenso weist der 3D-Druck ein großes Potenzial im Hinblick auf die Risikominimierung bei der Amortisation der Entwicklungskosten neuer
Produkte auf. Beim 3D-Druck ist keine Anschaffung produkt- bzw. bauteilspezifischer
Maschinen, Werkzeuge und Formen erforderlich. Dadurch kann mit einem 3D-Dru-
cker der Bedarf verschiedener Nischen bedient werden, ohne dass mit der Erfüllung
eines weiteren Nischenbedürfnisses zusätzliche Kosten einhergehen. Damit lässt sich
eine große Produktportfoliobreite und -tiefe, eventuell kundenindividuell, wirtschaftlich
anbieten. So wird die Monetarisierung über eine Vielzahl kleiner Kundensegmente hinweg gewährleistet. Nichtsdestotrotz kann eine zu geringe Auslastung die Wirtschaftlichkeit des Betriebs eines 3D-Druckers gefährden.

Zeitnahe Verfügbarkeit von Gütern sicherstellen
Geschäftsmodellmuster ist **Guaranteed Availability**. Der 3D-Druck ermöglicht es, Produkte und Ersatzteile dezentral am Gebrauchs- oder Verbrauchsort zu drucken und stellt
damit die zeitnahe Verfügbarkeit, unabhängig von Zeit und Ort, sicher. Händler, Werkstätten, Copy-Shops und Logistikdienstleister können dabei ihre Nähe zum Kunden
nutzen, wenn es sich um zeitlich kritische Bedarfe ihrer Kunden handelt. Dabei ist die
schnelle, bedarfsorientierte Lieferung von Ersatzteilen vor allem bei Investitionsgütern von
großer Bedeutung, da Ausfallzeiten vielfach hohe Kosten verursachen. Aus diesem Grund
beliefert beispielsweise der Hafen Rotterdam Schiffe mit 3D-gedruckten Ersatzteilen [8].
Analog dazu können Servicepartner von Maschinen- und Anlagenbauern, beispielsweise
Händler oder Werkstätten, vorgehen, wenn ein Ersatzteil für den Austausch bei Reparatur
oder Instandhaltung gedruckt werden muss. Als Anbieter im Ersatzteilgeschäft werden
sich zukünftig verstärkt Logistikdienstleister positionieren. Diese haben die Möglichkeit, den 3D-Druck der nachgefragten Objekte und deren Distribution miteinander zu
verbinden. Der Transportdienstleister UPS setzt zum Beispiel an seinem Luftfahrt-Dreh-
kreuz in Louisville (USA) bereits 100 3D-Drucker ein. Dies erfolgt in Kooperation mit
dem 3D-Druck-Dienstleister CloudDDM [9]. 3D-Druck ist jedoch nicht nur ein Thema
für die großen Logistikunternehmen. Bereits 10% aller Logistikdienstleister haben
Erfahrungen im 3D-Druck gesammelt und versuchen, 3D-Druck-Services mit schnellen
und kosteneffizienten Transportdienstleistungen zu verbinden [10]. Spezielle Transport-

dienstleistungen wie Dokumenten-, Pharma-, oder Kühltransporte sowie Overnight- oder Same-Day-Delivery werden aktuell überwiegend von kleineren Dienstleistern angeboten. Dies liegt vor allem an der höheren Flexibilität kleiner Unternehmen im Vergleich zu Großunternehmen. Es ist davon auszugehen, dass diese mittelständischen Anbieter flexibler auf Nachfrageschwankungen reagieren können.

Unabhängig von zeitlich kritischen Lieferungen gibt es für Großhandels- und Handelsunternehmen einen weiteren Vorteil des dezentralen bzw. lokalen 3D-Drucks. Durch den sogenannten On-Demand-Druck (engl. für Druck bei Bedarf) entfallen Lager- und Kapitalbindungskosten für langsam drehende Produkte und solche, die sich am Ende des Lebenszyklus befinden. Dadurch kann ein großes Sortiment angeboten werden und der Handel erzielt virtuell auf Basis der digitalen 3D-Modelle, die bei Kundenbedarf gedruckt werden, eine sehr hohe Verfügbarkeit. Auch der Vertrieb von Nischenprodukten wird deutlich attraktiver. Diese können bei Bedarf ohne Rüst- oder Werkzeugkosten wirtschaftlich in kleinen Mengen gedruckt werden. Im Bereich des 2D-Drucks im Buchhandel ist ein solches Konzept bereits gelebte Praxis. Ein Beispiel: KNV, ein Buchgroßhändler im deutschsprachigen Raum, druckt an seinem Lagerstandort in Erfurt „Nischen-Bücher" auf Nachfrage in Losgröße Eins [11].

Vom Produzenten zum Dienstleister: Neue Wertschöpfungskonstellationen aufbauen
Die Produktion eines herstellenden Unternehmens muss nicht zwangsläufig an einen Partner ausgelagert werden, um eine garantierte Verfügbarkeit beim Kunden zu erzielen. Verfügt der Kunde über eigene 3D-Druck-Kompetenzen und -Maschinen, so kann dieser den Produktionsschritt im Rahmen eines **Self-Services** selber übernehmen. Ein Beispiel dafür liefert das dänische Transportunternehmen Maersk Line. Auf seinen Containerschiffen hat Maersk 3D-Drucker installiert, um bei Bedarf Ersatzteile an Bord während der Fahrt drucken und so unerwünschte Liegezeiten im Hafen reduzieren zu können [12]. Der Druck am Point-of-Service hat gravierende Folgen für den Geschäfts- bzw. Serviceprozess bei den Unternehmen, deren Maschinen oder Anlagen auf dem Schiff verbaut wurden [13]. Der konventionelle Prozess: Der Ingenieur meldet eine Maschinenstörung beim Hersteller. Der Kundendienst des Herstellers kommt im nächsten Hafen an Bord, identifiziert das defekte Bauteil, bestellt das Ersatzteil (wenn es nicht vorrätig ist) und baut es nach der Lieferung ein. Der neue Prozess unter Einbeziehung des 3D-Drucks ist digital und schnell: Die Maschine meldet über Sensoren digital einen Fehler an den Hersteller. Der Hersteller kontaktiert die Verantwortlichen an Bord des Schiffes und übermittelt digital die Datei für den Druck des Ersatzteils. Ein Ingenieur druckt an Bord das Ersatzteil, ohne die Fahrt in einem Hafen zu unterbrechen, und baut es ein, eventuell mithilfe eines Teleservices des Herstellers. Für den Maschinen- bzw. Anlagenbauer bedeutet dieser neue Prozess einen Wandel von physischer zu digitaler Wertschöpfung, vom Hersteller zum Dienstleister. Für den Kunden bedeutet es eine wirtschaftlich attraktive Minimierung der Ausfallzeit.

6.3   Erfolgsfaktoren für KMU

Um die in Kap. 5 aufgeführten 3D-Druck-Geschäftsmodelle erfolgreich umzusetzen, sind bestimmte Voraussetzungen zu erfüllen. Diese lassen sich in interne und externe Erfolgsfaktoren unterscheiden. Als Erfolgskriterium können sowohl die generelle Monetarisierbarkeit der Geschäftsmodell-Innovation als auch die langfristige Wirtschaftlichkeit, das heißt, das Verhältnis zwischen dem Wert des Ressourceneinsatzes und des Outputs, herangezogen werden. Zu den **internen Erfolgsfaktoren** zählen die Faktoren, die das Unternehmen selber beeinflussen kann, wie etwa der Ressourceneinsatz oder die Veränderungsbereitschaft der Mitarbeiter. **Externe Erfolgsfaktoren** der Unternehmensumwelt wie beispielsweise die technologischen und rechtlichen Rahmenbedingungen werden von den Unternehmen als gegeben wahrgenommen. Tab. 6.1 bietet einen Überblick über die Erfolgsfaktoren, die nachfolgend beschrieben werden. Die Relevanz der einzelnen Faktoren ist in Abhängigkeit von Branche, Unternehmen und Anwendungsfall zu gewichten.

Da KMU nur geringen bis keinen Einfluss auf die externen Erfolgsfaktoren nehmen können, werden im Folgenden nur die internen Erfolgsfaktoren im Detail betrachtet. **Dynamische Fähigkeiten** beschreiben die Kompetenz eines Unternehmens, flexibel auf Umweltveränderungen reagieren zu können, indem es seine Ressourcenbasis ständig reaktiv anpasst und proaktiv weiterentwickelt [14]. Bei den Ressourcen handelt es sich unter anderem um Prozesse, Wissen, Personal und Technologien. Konkret bedeutet dies, dass KMU, die 3D-Druck nutzen wollen, zunächst **Kapazitäten** und **Kompetenzen** aufbauen müssen. Diese können sowohl intern etabliert werden, aber auch von externen Partnern wie 3D-Druck-Dienstleistern zugekauft werden. Insbesondere die Zusammenarbeit mit 3D-Druck-Dienstleistern scheint in frühen Implementierungsphasen

Tab. 6.1 Interne und externe Erfolgsfaktoren für 3D-Druck-Geschäftsmodelle

Interne Erfolgsfaktoren des Unternehmens	Externe Erfolgsfaktoren zur Überwindung aktueller Grenzen der 3D-Drucktechnologie
• Dynamische Fähigkeiten • Einsatz von Ressourcen und Aufbau von Kapazitäten • Aufbau von Kompetenzen, zum Beispiel im Hinblick auf Design oder Druck • Veränderung von Prozessen • Veränderungsbereitschaft und -fähigkeit der Mitarbeiter • Fähigkeit zum Aufbau von Kooperationen • Wertschöpfung im Netzwerk mit Partnern • Datenaustausch, Vertrauen • Open Innovation • Finanzierung	• Technische Verbesserung der Drucker • Höhere Geschwindigkeit • Möglichkeit, größere Objekte zu drucken • Einsatz verschiedener Materialien, Farben • Qualitätsverbesserungen • Standards und Zertifizierungen für Design, Datei-Formate, Materialien, Prozesse und Testmethoden • Intuitive Softwarelösungen • Verfügbarkeit von Serviceanbietern • Regelungen der Produkthaftung • Schutz vor Produktpiraterie • Möglichkeiten zum sicheren Datenaustausch

erfolgskritisch, bis die eigene Kompetenz über Erfahrungswerte einen höheren Reifegrad erreicht hat [15].

> KMU punkten mit Flexibilität.

Es sind nicht nur Kapazitäten und Kompetenzen für den 3D-Druck aufzubauen. Ebenso sind die **Prozesse** der Wertschöpfung anzupassen. Neue digitale Prozesse wie etwa der Datentransfer von Designs eines Wertschöpfungspartners müssen implementiert werden. Bisherige Prozesse wie beispielsweise Montageschritte, die durch den Druck eines Bauteils in einem Zug substituiert werden, sind eventuell obsolet. Die schnelle Anpassungsfähigkeit von KMU im Hinblick auf dynamische Umweltveränderungen ist ein großer Vorteil gegenüber Großunternehmen. Ressourcen und operative Prozesse können relativ leicht angepasst werden. Flache Hierarchien und kurze Kommunikationswege führen zu einer hohen Umsetzungsgeschwindigkeit. Dabei ist die Veränderungsbereitschaft vom Management bis zum Monteur ein wesentlicher Erfolgsfaktor.

Das Eingehen von **Kooperationen** mit anderen Unternehmen im Wertschöpfungsnetzwerk erfordert, dass sich Unternehmen öffnen und für unternehmensübergreifende Prozesse digitale Daten mit ihren Partnern austauschen. Dies ist vielfach ein großer Schritt für KMU im Hinblick auf die damit einhergehende Transparenz der Leistungserstellung mit Wertschöpfungspartnern, mit denen noch keine langjährige, von Vertrauen geprägte Geschäftsbeziehung besteht. Viele innovative Geschäftsmodelle erfordern jedoch die Zusammenarbeit und den offenen Datenaustausch mit neuen und eventuell wechselnden Partnern. So baut beispielsweise das Konzept des dezentralen Drucks auf lokalen Versorgungsmodellen auf [13]. Will ein Hersteller seinen Kunden anbieten, ein Produkt On-Demand zeitnah beschaffen zu können, so müssen in der Region des Kunden neue Partner für Druck und Lieferung gefunden werden.

Der Innovationsprozess muss im Kontext des 3D-Drucks eventuell neu organisiert werden. Open Innovation ist dabei das Stichwort. Die Kooperation zwischen dem Greifsystem-Hersteller Schunk und dem 3D-Druck-Dienstleister Materialise ist ein Beispiel für einen offenen Innovationsprozess (vgl. Kap. 5). Aufgrund der hohen Einstiegskosten und des nötigen Know-hows sind Kooperationen mit anderen Unternehmen, Forschungseinrichtungen oder 3D-Druck-Dienstleistern notwendig, um dem rasanten Entwicklungstempo des 3D-Drucks folgen zu können [16]. Das Addlab in Eindhoven zeigt, dass eine enge Zusammenarbeit verschiedener Unternehmen eine Erfolg versprechende Möglichkeit ist, um 3D-Druck-Projekte gemeinsam zu finanzieren und Risiken zu diversifizieren. Hier teilten sich von 2013 bis 2016 neun Unternehmen ein 3D-Druck-Lab, um gemeinsam Kompetenzen beim Metall-Druck aufzubauen [17]. Mittlerweile haben alle Unternehmen den 3D-Druck in die eigene Produktion integriert. Diese Beispiele verdeutlichen, dass von einem kooperativen Handeln mehrerer Unternehmen alle Beteiligten profitieren: Die Wertschöpfung entsteht im Netzwerk verschiedener

Wertschöpfungspartner, die in einem Geschäftsökosystem komplementäre Leistungen für den Kunden erbringen. Jennifer Lawton, ehemalige CEO von MakerBot, bringt es auf den Punkt: „3D-Druck ist ein Ökosystem, kein Gerät" [18].

Literatur

1. Statistisches Bundesamt. (2016). Verteilung Unternehmen in Deutschland nach Unternehmensgröße 2016, August, 2018.
2. Amtsblatt der Europäischen Union. (2003). Nr. L 124 vom 20. Mai 2003, Informationen der Generaldirektion Binnenmarkt, Industrie, Unternehmertum und KMU, Stand Juni 2017.
3. Immerschitt, W., & Stumpf, M. (2014). *Employer Branding für KMU: der Mittelstand als attraktiver Arbeitgeber*. Wiesbaden: Springer Gabler.
4. Mugler, J. (2014). *Grundlagen der BWL der Klein-und Mittelbetriebe* (2. Aufl.). Wien: Facultas Universitätsverlag.
5. SCHUNK GmbH&Co. KG. (2018). Greiferfinger aus Kunststoff, Stahl und Aluminium – auf Knopfdruck. https://schunk.com/de_de/services/tools-downloads/egrip/.
6. Stratasys Ltd. (2018). 3D-Drucktechnologie für die Produktion in der Luft- und Raumfahrtindustrie, verfügbar unter http://www.stratasys.com/de/industrien/luft-und-raumfahrt-und-verteidigung/airbus.
7. MYKITA GmbH. (2018). DIGITAL REALITIES. https://mykita.com/de/mylon.
8. Port of Rotterdam. (2018). 3D printing in the port of Rotterdam. https://www.portofrotterdam.com/en/business-opportunities/innovation-smartest-port/cases/3d-printing-in-the-port-of-rotterdam.
9. Druck.com. (2018). CloudDDM & UPS: Versand von 3D-gedruckten Teilen am Tag der Bestellung. https://3druck.com/lieferanten-haendler/cloudddm-ups-versand-von-3d-gedruckten-teilen-am-tag-der-bestellung-1435769/.
10. Müller, A., & Karevska, S. (2016). How will 3D printing make your company the strongest link in the value chain: EY`s Global 3D printing Report 2016. Ernst & Young GmbH Wirtschaftsprüfungsgesellschaft GmbH, Germany. http://www.ey.com/Publication/vwLUAssets/ey-global-3d-printing-report-2016-full-report/$FILE/ey-global-3d-printing-report-2016-full-report.pdf.
11. Koch Neff & Volckmar GmbH. (2018). Für Verlage und Lieferanten Print on Demand. http://www.knv.de/lieferanten/print-on-demand.html.
12. Krassenstein, B. (2014). Maersk Line setzt auf 3D-Druck für Ersatzteile. https://3d-magazin.eu/branchen/logistik/maersk-line-setzt-auf-3d-druck-fuer-ersatzteile.
13. Thomas, O., Kammler, F., & Sossna, D. (2015). Smart Services: Geschäftsmodellinnovationen durch 3D-Druck. https://link.springer.com/content/pdf/10.1007/s35764-015-0590-1.pdf.
14. Teece, D. J. (2010). Business models, business strategy and innovation. *Long Range Planning, 43*(2–3), 172–194.
15. Rogers, H., Baricz, N., & Pawar, K. (2016). 3D printing services: Classification, supply chain implications and research agenda. *Journal of Physical Distribution & Logistics Management, 46*, 886–907.
16. PricewaterhouseCoopers B.V. (2015). Turning additive manufacturing into business: Opportunities and challenges encountered in discussions on field cases, Netherlands. https://www.pwc.nl/en/assets/documents/pwc-turning-additive-manufacturing-into-business.pdf.
17. Addlab. (2018). 3D printing pilot factory for metal parts, after 3 fruitfull years, has come to an end. http://addlab.com/Home.
18. Conner, C. (2013): '3D Printing Is An Ecosystem, Not A Device': Jennifer Lawton, MakerBot. https://www.forbes.com/sites/cherylsnappconner/2013/09/13/3d-printing-is-an-ecosystem-not-a-device-jennifer-lawton-makerbot/#257f009c39df.

Der erste Teil dieses Buches hat Antworten und Praxisbeispiele zu den folgenden Fragen geliefert:

- Welche Geschäftsmodelle im Kontext der additiven Fertigung nutzen Unternehmen bereits?
- Welche Geschäftsmodellmuster bieten innovative Potenziale zur Weiterentwicklung, um Wettbewerbsvorteile zu generieren, die Position in der Wertschöpfungskette zu stärken oder neue Märkte zu erschließen?
- Wie lassen sich die Geschäftsmodelle klassifizieren, um Orientierung für Unternehmen zu bieten?
- Welche Erfolgsfaktoren gilt es bei der Implementierung bzw. Weiterentwicklung von Geschäftsmodellen zu beachten?

Der 3D-Druck ist eine Gruppe von Fertigungsverfahren, aber kein Geschäftsmodell. Vielfach dient er nur als Mittel zum Zweck, um ein physisches Produkt zu fertigen. Das für die Herstellung eingesetzte Fertigungsverfahren ist im Rahmen einer Geschäftsmodell-Innovation eventuell nur von untergeordneter Bedeutung, sofern die Technologie die Kosten- und Qualitätsanforderungen erfüllt. Insofern ist der 3D-Druck lediglich eine mögliche Antwort auf die Frage, wie das Unternehmen seine Leistung erstellt. Jedoch hat die besondere Art der Leistungserstellung beim 3D-Druck großen Einfluss auf den Kern eines Geschäftsmodells, das Nutzenversprechen. Zum einen ermöglicht es die Fertigung innovativer Produkte, die besonders hohe Kundenbedürfnisse erfüllen (Ultimate Luxury). Zum anderen ermöglicht es die Individualisierung von Produkten (Mass Customization), die Fertigung von Nischenprodukten (Long Tail) sowie die On-Demand-Verfügbarkeit zeitkritischer Güter (Guaranteed Availability). Um diese Nutzenversprechen zu erfüllen,

© Springer Fachmedien Wiesbaden GmbH, ein Teil von Springer Nature 2019   85
C. Feldmann et al., *Digitale Geschäftsmodell-Innovationen mit 3D-Druck*,
https://doi.org/10.1007/978-3-658-25162-8_7

müssen KMU mit verschiedenen Partnern zusammenarbeiten, da auf jeder Wertschöpfungsstufe verschiedene Spezialisten agieren. Der Mehrwert für den Endkunden entsteht durch
die komplementäre Zusammenarbeit der Wertschöpfungspartner im Geschäftsökosystem
des 3D-Drucks, welche im GIN3D-Modell abgebildet wurde.

Die konzeptionelle Grundidee eines auf 3D-Druck basierenden Geschäftsmodells lässt
sich zwar leicht als theoretisches Konzept entwickeln. Allerdings lassen sich Geschäftsmodelle schwer in einem Labor testen [1]. Ob Geschäftsmodell-Innovationen sich in der
Praxis bewähren, hängt in erster Linie von internen Erfolgsfaktoren und der Offenheit
für Kooperationen mit Wertschöpfungspartnern ab. Die Stärke von KMU liegt in ihrer
Flexibilität im Hinblick auf dynamische Umweltbedingungen. Eine stabile, qualitativ
hochwertige Fertigung mit exakter Reproduzierbarkeit der gedruckten Objekte ist aktuell
noch im hohen Maße von Erfahrungswissen abhängig. Vom aus der Informationstechnik
bekannten Ansatz „Plug-and-Play" im Sinne eines „Anschließen und Loslegen" ist die
Technologie noch einige Jahre entfernt. Bis dahin werden vor allem die 3D-Druck-Dienst-
leister einen Großteil der Aktivitäten innerhalb der 3D-Wertschöpfungskette übernehmen.
Darüber hinaus hängt der Erfolg von 3D-Druck-Geschäftsmodellen maßgeblich von der
technischen Weiterentwicklung der Drucker (Materialien, Geschwindigkeit, Qualität etc.)
sowie den Rahmenbedingungen (Standards, Lizenzierung, Produkthaftung etc.) ab.

Wie lassen sich nun diese Erkenntnisse in der Unternehmenspraxis umsetzen? Hierzu
wird im zweiten Teil dieses Buches ein Leitfaden vorgestellt. Dabei handelt es sich um
ein praxisorientiertes Werkzeug zur Potenzialanalyse und Entwicklung von 3D-Druck
gestützten Geschäftsmodellen für Unternehmen. Der zweite Teil des Buches beantwortet
unter anderem die folgenden Fragen:

- Wie lassen sich innovative Geschäftsmodelle mit 3D-Druck für ein bestimmtes Unternehmen konkret identifizieren?
- Wie können bestehende Geschäftsmodelle angepasst werden, um Wettbewerbsvorteile
  zu erzielen?
- Welchen Mehrwert bietet 3D-Druck für das eigene Unternehmen?

Literatur

1. Desyllas, P., & Sako, M. (2013). Profiting from business model innovation: Evidence from
   Pay-As-You-Drive auto insurance. *Research Policy, 42,* 101–116.

Teil II

Geschäftsmodelle mit 3D-Druck entwickeln:
Ein Leitfaden von der Idee zur Umsetzung

Motivation und Ziele

8

Das Ziel des zweiten Buchteils ist die Vermittlung einer systematischen und praxisnahen Vorgehensweise zur Entwicklung innovativer Geschäftsmodelle auf Basis des 3D-Drucks von der ersten Idee bis zur Umsetzung. Unternehmen müssen bei der technologieinduzierten Geschäftsmodell-Innovation unter anderem die folgenden Fragen beantworten:

- Wie beeinflusst oder gefährdet diese Technologie das bestehende Geschäftsmodell des Unternehmens?
- Welche Wettbewerbsvorteile bieten sich durch eine Weiterentwicklung des bestehenden Geschäftsmodells?
- Welche konkreten Ansatzpunkte hat das Unternehmen, um ein neues Geschäftsmodell zu entwickeln?
- Wie lassen sich innovative Ideen bewerten und ein passendes Geschäftsmodell auswählen?
- Welche Erfolgsfaktoren sind bei der Realisierung zu beachten?

Der zweite Teil des Buches bietet Antworten auf die vorgenannten Fragen. Er unterstützt Unternehmen bei der schnellen Realisierung innovativer Geschäftsmodelle mit 3D-Druck, indem er einen strukturierten Methodenbaukasten vorstellt, mit dem ein Unternehmen schrittweise innovative Geschäftsmodelle entwickeln kann. Dies erfolgt mithilfe eines Vorgehensmodells, das konkrete und realisierbare Schritte von der ersten Idee bis zur Umsetzung aufzeigt. Dabei handelt es sich nicht um eine vorgefertigte Implementierungsstrategie für 3D-Druck im eigenen Unternehmen. Vielmehr zeigt der Leitfaden eine systematische Vorgehensweise auf, wie sich die eigenen Kompetenzen im Rahmen innovativer Geschäftsmodelle weiterentwickeln lassen. Der Leitfaden ist unterteilt in fünf Schritte von der Vorbereitung über die Ideenfindung und -bewertung bis zur Umsetzung eines Geschäftsmodells. Viele Aktivitäten erfolgen in

© Springer Fachmedien Wiesbaden GmbH, ein Teil von Springer Nature 2019
C. Feldmann et al., *Digitale Geschäftsmodell-Innovationen mit 3D-Druck*,
https://doi.org/10.1007/978-3-658-25162-8_8

unternehmensinternen Workshops. Der Leitfaden beschreibt die Inhalte und den Aufbau solcher Workshops. Dafür wird ein Werkzeugkasten vorgestellt, der die erforderlichen Methodenkompetenzen knapp und anschaulich vermittelt.

Zwingend erforderliche Grundlagen für das Verständnis der folgenden Ausführungen wurden in Teil I (Geschäftsmodell-Innovationen im 3D-Druck) des Buches gelegt, insbesondere zu den Geschäftsmodellmustern entlang der GIN3D-Wertschöpfungskette.

Im folgenden Kap. 9 wird die Methodik zunächst in das Innovationsmanagement eingeordnet. Kap. 10 stellt das GIN3D-Vorgehensmodell zur Entwicklung innovativer Geschäftsmodelle mit 3D-Druck vor. Kap. 11 fasst die zentralen Aspekte des zweiten Buchteils zusammen.

Einordnung in das Innovationsmanagement

9

Bevor das Vorgehensmodell detailliert vorgestellt wird, ist dieser Teil des Buches in den Kontext des Innovationsprozesses einzuordnen. Die wirtschaftliche Situation eines Unternehmens hängt entscheidend von der Innovationskraft eines Unternehmens und seiner Mitarbeiter ab. Im globalen Wettbewerb wird ein Unternehmen langfristig nur erfolgreich sein, wenn es fortlaufend neue Ideen hervorbringt und diese bis zur Marktfähigkeit entwickelt. Dies gilt nicht nur für Produkte, Dienstleistungen und Prozesse, sondern ebenso für Geschäftsmodelle. Die erfolgreiche Umsetzung von Ideen zu Innovationen erfordert ein gezieltes Innovationsmanagement, das alle Aspekte von der Strategie über die Prozess- und Organisationsgestaltung bis zur Kultur umfasst. Innovationsmanagement bezeichnet die systematische Planung, Durchführung, Steuerung und Kontrolle der Innovationstätigkeit [1].

Beim GIN3D-Vorgehensmodell handelt es sich um einen **Innovationsprozess** für die technologie-induzierte Geschäftsmodell-Innovation mit 3D-Druck. Der Innovationsprozess hat die Aufgabe, Ideen systematisch mit den verfügbaren Ressourcen zeitgerecht in ein marktfähiges Geschäftsmodell umzusetzen. Dabei folgt das GIN3D-Vorgehensmodell bewährten Phasen eines Innovationsprozesses von der Ideenfindung über die Ideenbewertung und -auswahl bis hin zur Umsetzung und laufenden Optimierung. Der Anstoß für den Innovationsprozess liefert die Technologie des 3D-Drucks, für die Kundennutzen zu identifizieren sind. Insofern handelt es sich um einen sogenannten **Technology-Push** als Innovationsimpuls, um vorhandene oder latente Kundenbedürfnisse zu befriedigen. Dieser Ansatz steht im Gegensatz zu einem Market-Pull, bei dem Innovationen durch Bedürfnisse oder Probleme der Kunden angestoßen werden [2, 3].

Es sei darauf hingewiesen, dass die Strukturierung des Innovationsprozesses mithilfe eines Phasenmodells aufgrund seiner Komplexität, Variabilität und Unsicherheit durchaus Risiken birgt. Dieses beschreibt einen idealtypischen Ablauf, der allerdings die Gegebenheiten eines individuellen Unternehmens nicht berücksichtigt. Die einzelnen

© Springer Fachmedien Wiesbaden GmbH, ein Teil von Springer Nature 2019
C. Feldmann et al., *Digitale Geschäftsmodell-Innovationen mit 3D-Druck,*
https://doi.org/10.1007/978-3-658-25162-8_9

Schritte laufen in der Praxis nicht immer exakt voneinander getrennt ab. Eventuell werden einzelne Schritte übersprungen oder evolutionär mehrfach durchlaufen. Die Einteilung des GIN3D-Vorgehensmodells in fünf Schritte ist als Hilfsmittel zu verstehen, das zu einem gemeinsamen Verständnis der Teilnehmer am Innovationsprozess über Ziele, Inhalte und Werkzeuge je Schritt führt und den Weg von der Idee zur Umsetzung effektiv und effizient strukturiert.

Literatur

1. Lindgardt, Z., Reeves, M., Stalk, G., & Deimler, M. S. (2013). Business model innovation: When the game gets tough, change the game. In M. Deimler, R. Lesser, D. Rhodes, & J. Sinha (Hrsg.), *Own the future: 50 ways to win from the Boston Consulting Group* (S. 291–298). New Jersey: Boston Consulting Group.
2. Schuh, G. (2012). *Innovationsmanagement: Handbuch Produktion und Management 3*. Heidelberg: Springer.
3. Wall, M. (2016). Systematik zur technologieinduzierten Produkt-und Technologieplanung, Verlagshaus Monsenstein und Vannerdat, Münster.

Geschäftsmodelle mit 3D-Druck entwickeln: 5 Schritte von der Idee zur Umsetzung

10

10.1 Überblick

Der nachfolgende Leitfaden gibt Unternehmen mit dem GIN3D-Vorgehensmodell einen chronologisch aufgebauten Orientierungsrahmen an die Hand, mit welchem sie Geschäftsmodell-Innovationen mit 3D-Druck erarbeiten und erfolgreich auf den Weg bringen können.

Das Vorgehensmodell setzt sich aus den in Abb. 10.1 dargestellten fünf Schritten zusammen. Der erste Schritt umfasst die Vorbereitung und Analyse des Umfelds des Unternehmens. Dadurch wird eine geeignete Ausgangsbasis für die Ideenfindung in einem interdisziplinären Team in Schritt 2 gelegt. Die Ideenfindung erfolgt sowohl mit bewährter Kreativitätsmethoden als auch mithilfe der Geschäftsmodellmuster entlang der GIN3D-Wertschöpfungskette (vgl. Teil 1). Bei der Ideenbewertung in Schritt 3 werden die Ideen des vorhergehenden Schritts evaluiert, um Erfolg versprechende Geschäfts-modell-Ideen herauszufiltern. Für die selektierten Ideen werden in Schritt 4 detaillierte Konzepte erstellt und die Implementierung geplant. Den letzten Schritt bildet die Über-führung dieser Konzepte in Projekte zur Realisierung des Geschäftsmodells in Form der Markteinführung. Dabei sind Workshops ein zentrales Element des Vorgehensmodells.

10.2 Schritt 1: Vorbereitung und Analyse

10.2.1 Ziele und Inhalte

Der erste Schritt des Vorgehensmodells dient zum einen dazu, das Projektteam zusammenzustellen und die nächsten Schritte zu planen (Vorbereitung). Zum anderen ist eine gemeinsame Wissensbasis der Teilnehmer als Startpunkt für die Ideenfindung zu

© Springer Fachmedien Wiesbaden GmbH, ein Teil von Springer Nature 2019
C. Feldmann et al., *Digitale Geschäftsmodell-Innovationen mit 3D-Druck,*
https://doi.org/10.1007/978-3-658-25162-8_10

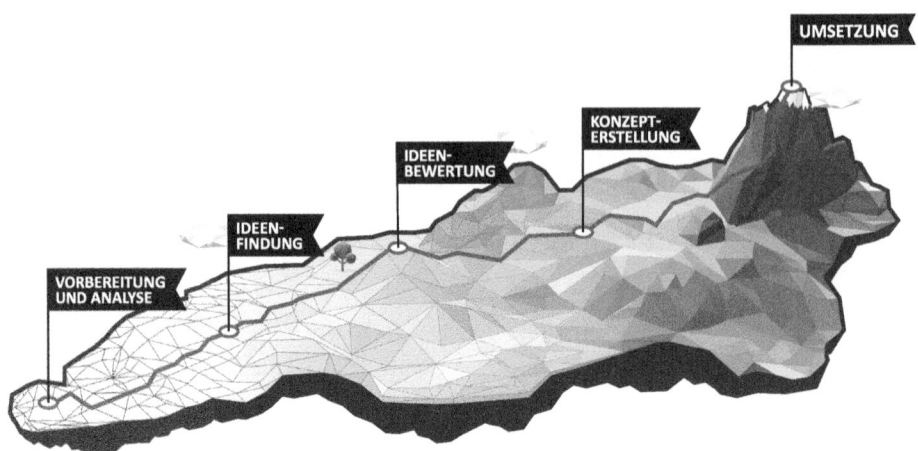

Abb. 10.1   Das GIN3D-Vorgehensmodell als Leitfaden von der ersten Planung bis zur Umsetzung

etablieren. Dafür ist ein gemeinsames Verständnis sowohl über das Umfeld und die Strategie des Unternehmens als auch über bestehende Kompetenzen und Geschäftsmodelle zu schaffen: Ein Geschäftsmodell ist keine isolierte „Insel", sondern in das „Ökosystem" des Unternehmens und seines Umfelds eingebunden. Neben der Vermittlung einer gemeinsamen Wissensbasis sind die Teilnehmer für das Projekt zu motivieren, indem Bewusstsein für die Notwendigkeit eines neuen Geschäftsmodells geschaffen wird.

10.2.2 Methodisches Vorgehen

Der erste Schritt – Vorbereitung und Analyse – gliedert sich in die folgenden drei Aktivitäten, um die darauf aufbauenden Workshops zielgerichtet und effizient durchführen zu können:

I. Projektplanung
II. Umfeldanalyse der Akteure und Einflussfaktoren des Geschäftsökosystems
III. Workshop-Planung

I. Projektplanung
Für die Projektplanung sollte auf bewährte **Projektmanagement-Standards** wie etwa des Project Management Institute (PMI) zurückgegriffen werden, um das Projekt der Geschäftsmodell-Innovation im Hinblick auf Inhalt und Umfang (engl. Scope), Zeit, Kosten, Qualität, Risiko, Ressourcen, Kommunikation, Veränderungsmanagement und weitere Themenbereiche zu planen [1].

Ein kritischer Erfolgsfaktor ist die **Zusammenstellung des Projektteams**. Das Team sollte sich interdisziplinär, bereichs- und eventuell unternehmensübergreifend zusammensetzen. Stammen die Teammitglieder aus unterschiedlichen Abteilungen bzw. betrieblichen Funktionen, so wird das Wissensspektrum erweitert und Fragestellungen aus verschiedenen Perspektiven beleuchtet [2]. Zudem besteht eine höhere Chance, das sogenannte „Silo-Denken" und Bereichsegoismen frühzeitig zu überwinden. Typische Funktionsbereiche der Teilnehmer sind beispielsweise Marketing, Vertrieb, Produktmanagement, Entwicklung, Einkauf, Produktion, Logistik, After-Sales-Service und IT.

Neben der Zugehörigkeit zu einer Organisationseinheit sind die **Eigenschaften der Mitarbeiter** selbst ein wichtiger Erfolgsfaktor für das Gelingen des Innovationsprojektes. Entsprechend ist die Frage zu beantworten, was ein einzelner Mitarbeiter zum Gelingen des Projekts beitragen kann. Daher sollten die Teammitglieder anhand der folgenden Merkmale ausgewählt werden [2]:

- **Kompetenz:** Welches Wissen oder welche Fähigkeiten und Erfahrungen bringt der Teilnehmer ein? Sind neben inhaltlichen Kompetenzen ebenso soziale Kompetenzen für eine erfolgreiche Teamarbeit vorhanden?
- **Kapazität:** Wann ist welcher Teilnehmer in welchem Maße zeitlich verfügbar? Bei paralleler Linienfunktion ist evtl. eine tage- oder wochenweise Planung in prozentualen Anteilen der Projektarbeit erforderlich.
- **Motivation:** Wie hoch ist die persönliche Bereitschaft, sich beim Innovationsprojekt einzubringen? Hinweise für eine Einschätzung der Motivationslage können sowohl Rückmeldungen zur Aufgabenerfüllung im Rahmen der regulären organisatorischen Rolle oder ein offenes Gespräch mit dem potenziellen Teilnehmer geben.

Dabei ist es nicht das Ziel, einen besonderen Typus Mensch zu suchen. Vielmehr bestimmen die Zusammensetzung des Teams aus unterschiedlichen Persönlichkeiten, das soziale Zusammenspiel und der Kompetenzmix (Multidisziplinarität der fachlichen Ausbildungen) maßgeblich die Erfolgswahrscheinlichkeit des Innovationsprojekts. Das Team sollte Mitarbeiter mit umfassender Management- und Branchenerfahrung, Mitarbeiter mit relevanten persönlichen Netzwerken, Mitarbeiter mit kreativem Potenzial für frische Ideen und Mitarbeiter mit großem Engagement für innovative Veränderung aufweisen.

Innovationsprozesse lassen sich in geschlossene und offene Modelle unterscheiden. Bei einem **geschlossenen Innovationsmodell** werden ausschließlich unternehmensinterne Ressourcen und Kapazitäten für den Innovationsprozess genutzt. Bei einem **offenen Modell** werden neben internen Kapazitäten ebenso externe Ressourcen wie beispielsweise Kunden, Wertschöpfungspartner oder Berater eingebunden, um interne Ressourcen zu schonen und frische Impulse oder eine Außensicht in den Innovationsprozess einfließen zu lassen. Der Leitfaden eignet sich für beide Formen des Innovationsprozesses. Allerdings ist die Einbindung externer Teilnehmer aus den vorgenannten Gründen wünschenswert. Je früher beispielsweise Kunden in den Innovationsprozess integriert werden, desto geringer ist die Gefahr, dass ein fertig entwickeltes Leistungsangebot von den potenziellen Käufern nicht angenommen wird [3].

Eine Geschäftsmodell-Innovation betrifft eine Vielzahl an Mitarbeitern über Abteilungsgrenzen hinweg. Entsprechend ist ein starkes und deutlich erkennbares **Engagement der Führungskräfte** unerlässlich, um eine erfolgreiche Kooperation des Projektteams mit der Linienorganisation zu erzielen [4]. Entscheidungsträger sind frühzeitig in das Projekt einzubinden, um sie über die Relevanz der Innovation und den Ablauf des Innovationsprozesses zu informieren. Dabei soll nicht nur erreicht werden, dass die relevanten Führungskräfte das Projekt fördern. Vielmehr sind potenzielle Widerstände zu überwinden, die aus Nicht-Wissen oder Nicht-Verstehen resultieren. Je früher Abteilungsinteressen oder potenzielle Nachteile der Innovation für eine Organisationseinheit erkannt werden, desto besser lassen sich daraus resultierende Widerstände abfangen.

II. Umfeldanalyse der Akteure und Einflussfaktoren des Geschäftsökosystems

Im Rahmen der Umfeldanalyse sind die Akteure und die Einflussfaktoren im sogenannten Geschäftsökosystem des Unternehmens zu erfassen [5]. Der Begriff **Geschäftsökosystem** bezeichnet ein Netzwerk von Organisationen, die ihre komplementären Fähigkeiten und Kompetenzen für ein gemeinsames Ziel wie ein umfassendes Leistungsangebot für eine Kundengruppe miteinander verbinden [6]. Die Teilbereiche der nachfolgend beschriebenen Umfeldanalyse sollten in Kleingruppen von drei bis vier Mitarbeitern erarbeitet werden. Die Ergebnisse sind der Gesamtheit der Teilnehmer zu präsentieren [7, 8].

Umfeldanalyse der Akteure

Bei den **Akteuren** handelt es sich um die Kunden, die externen Partner, die Wettbewerber und das eigene Unternehmen. Das Verständnis der Bedürfnisse der **Kunden** ist eine Grundvoraussetzung, um das Nutzenversprechen bzw. den Wert der eigenen Leistungen für den Kunden erarbeiten zu können. Dabei sind sowohl bestehende Kundengruppen als auch bisher unerschlossene Kundensegmente, auf deren Markt eventuell noch keine Leistung angeboten wird, zu untersuchen. Für die kundenzentrierte Gestaltung von Geschäftsmodellen, insbesondere des Nutzenversprechens und der Vertriebskanäle, sind unter anderem die folgenden Fragen zu beantworten:

- Welche Bedürfnisse haben die Kunden und wie können wir sie befriedigen?
- Welche Aufgaben müssen die Kunden bewältigen und wie kann das Unternehmen dabei unterstützen?
- Welche Art von Beziehung erwarten die Kunden vom Unternehmen?
- Für welches Nutzenversprechen sind die Kunden bereit zu zahlen?

Hilfreich für das Verstehen des Kunden sind bewährte Methoden wie Beobachtung des Verhaltens der Kunden in verschiedenen Situationen, Interviews mit Kunden (Fokusgruppen) oder Experten, die Einnahme der Kundenperspektive oder die Empathiekarte. Auch eine sogenannte Persona als idealtypische Repräsentationen einer Personengruppe unterstützt das Verständnis über die Kunden.

Partner sind diejenigen Organisationen, die einen wesentlichen externen Beitrag zur Leistungserstellung für den Kunden leisten. Beispiele sind Lieferanten von Rohstoffen, Vertriebspartner, Anbieter komplementärer Dienstleistungen, aber auch Forschungseinrichtungen und Verbände. Diese Partner können zum einen Impulse für innovative Ideen liefern. Zum anderen ist ihr Know-how oder ihr direkter Beitrag zu den Wertschöpfungsaktivitäten eine unabdingbare Voraussetzung für die Leistungserstellung.

Wettbewerber sind neben den Kunden und Partnern ein weiterer wichtiger Akteur auf dem „Spielfeld" der Geschäftsmodell-Innovation. Zunächst ist der relevante Wettbewerb zu identifizieren. Dies kann beispielsweise über folgende Fragen erfolgen: Welche Unternehmen können das Kundenproblem ebenso lösen? Wo würden die Kunden Leistungen beziehen, wenn unser Unternehmen heute schließt? Bei einer Konkurrenzanalyse werden üblicherweise die folgenden Aspekte im Hinblick auf Stärken und Schwächen untersucht: die Marktleistungen und -fähigkeiten wie etwa Breite und Tiefe des Produktportfolios; die Produktionsressourcen und das Flexibilitätspotenzial wie etwa Auslastungs- und Automatisierungsgrad; die finanzielle Situation sowie das Managementpotenzial und die Fähigkeiten der Mitarbeiter. Dabei sollte versucht werden, mögliche Reaktionen des Wettbewerbs auf die eigene Geschäftsmodell-Innovation zu antizipieren. Ein Element der Wettbewerbsanalyse sollte eine **Wertkettenanalyse** auf Basis der GIN3D-Wertschöpfungskette sein. Diese wird nach der folgenden Vorstellung der GIN3D-Wertschöpfungskette aufgegriffen. Wettbewerber können ebenso als **Inspirationsquelle** für innovative Geschäftsmodelle dienen. Beispielsweise lassen sich erfolgreiche Muster anderer imitieren und auf das eigene Unternehmen im Sinne einer „Me-too"-Strategie anpassen. Ebenso können Ideen, die in einem Markt erfolgreich sind, auf einen anderen Markt übertragen werden.

> „Wer den Hafen nicht kennt, in den er segeln will, für den ist kein Wind ein günstiger" – Seneca.

Neben Kunden, Partnern und Wettbewerbern ist ebenso das **eigene Unternehmen** zu untersuchen, um ein vollständiges Bild des Geschäftsökosystems zu erhalten.

Zum einen ist ein gemeinsames Verständnis der **Vision** und der Strategie des Unternehmens bei allen Teilnehmern zu schaffen, sodass diese beiden Aspekte bei der Ideenbewertung in Schritt 3 zielgerichtet aufgegriffen werden können. Zum anderen sind in einer **Reifegradanalyse** die im Unternehmen vorhandenen **Kompetenzen** und bestehende **Geschäftsmodelle** im Bereich des 3D-Drucks zu erheben. Den methodischen Rahmen für die Durchführung der Reifegradanalyse bildet das GIN3D-Modell. Das **GIN3D-Modell** strukturiert die Geschäftsmodellmuster und Anbieter in der **Wertschöpfungskette** des 3D-Drucks (vgl. Abb. 4.1). Es dient als Orientierungsrahmen bzw. als Strukturierung der Reifegradanalyse. Dabei gibt das Modell einheitliche und eindeutige Begriffe vor. Auf diesem Weg wird bei den Handelnden ein gemeinsames

Abb. 10.2 Das GIN3D-Modell der 3D-Druck-Wertschöpfungskette als Orientierungsrahmen

Grundverständnis erzeugt. Die GIN3D-Wertschöpfungskette wird ebenso für die systematische Ideenfindung in Schritt 3 aufgegriffen, um Ansatzpunkte zur Neu- bzw. Weiterentwicklung von Geschäftsmodellen zu identifizieren (Abb. 10.2).

Für die Ist-Analyse des Unternehmens werden zwei Perspektiven eingenommen. Im ersten Schritt werden die **aktuellen, unternehmensinternen Kompetenzen** im Hinblick auf die Wertschöpfungsaktivitäten des 3D-Drucks bewertet, beispielsweise das Design digitaler 3D-Modelle, die Beschaffung von Druckrohstoffen oder der Druckprozess. Dies erfolgt anhand von Punktwerten, die je Wertschöpfungsstufe des GIN3D-Modells entsprechend des vorliegenden Reifegrads vergeben werden, vgl. Tab. 10.1. Beim zweiten Schritt werden die **bestehenden 3D-Druck-Geschäftsmodelle** identifiziert und bewertet, vgl. Tab. 10.2.

Das Ergebnis der Ist-Analyse des Unternehmens ist die Erstellung eines Profils über aktuell vorhandene Kompetenzen und Geschäftsmodelle im Bereich 3D-Druck. Für die grafische Darstellung des vorgenannten Profils eignet sich ein sogenanntes **Spinnennetz-Diagramm** wie exemplarisch in Abb. 10.3 dargestellt. Als Achsen des Diagramms dienen die Wertschöpfungsstufen des GIN3D-Modells. Die Analyse ist den Teilnehmern im Vorfeld des ersten Workshops zur Verfügung zu stellen, um eine gemeinsame Wissensbasis zu schaffen.

Um im ersten Schritt die **aktuellen, unternehmensinternen Kompetenzen** im Hinblick auf die Wertschöpfungsaktivitäten des 3D-Drucks zu evaluieren, werden die Fähigkeiten je Wertschöpfungsstufe des GIN3D-Modells anhand von Punktwerten bewertet. Tab. 10.1 erläutert die Punktwerte und die Merkmale der Reifegrade (in Anlehnung an Capability Maturity Model Integration (CMMI)). Die Reifegrade der aktuellen Kompetenzen jeder Wertschöpfungsstufe spannen den hellgrauen Bereich in Abb. 10.3 auf. Dieses Spinnennetz-Diagramm stellt das aktuelle Kompetenzprofil des betrachteten Unternehmens dar.

Im Rahmen der Evaluation sollten verschiedene Funktionsbereiche wie beispielsweise Entwicklung, Produktmanagement, Einkauf, Produktion oder Logistik befragt werden, um dabei viele Blickwinkel für die Analyse zu erfassen. Um belastbare Aussagen zu erhalten, sollten möglichst viele Mitarbeiter einbezogen werden. Die Beschreibung des existierenden Geschäftsmodells kann erste Anregungen für Veränderungen liefern, wenn Unstimmigkeiten und Schwächen aufgedeckt werden.

Beim zweiten Schritt werden die **bestehenden 3D-Druck-Geschäftsmodelle** evaluiert. Dies erfolgt analog zum ersten Schritt anhand von Punktwerten, die jeder Wertschöpfungsstufe des GIN3D-Modells (vgl. Abb. 10.1) zugeordnet werden. Tab. 10.2

Tab. 10.1 Reifegrad bestehender Kompetenzen im 3D-Druck

Punktwert	Reifegrad der Kompetenzen: Aktivitäten der Wertschöpfungsstufe sind …	Beschreibung des Reifegrads
0	… nicht vorhanden	Es sind keine Kompetenzen in diesem Bereich der 3D-Druck-Wertschöpfungskette identifizierbar
1	… initial vorhanden	Es sind erste Kompetenzen und Wertschöpfungsprozesse erkennbar, allerdings sind die Prozessergebnisse nicht stabil wiederholbar. Damit sind Kosten, Zeiten und Qualität der Aktivitäten nicht vorhersehbar
2	… wiederholbar	Es liegen Kompetenzen vor und ein grundlegender Prozess existiert. Die Erfahrungen mit vergangenen Aufträgen oder Projekten fließen gezielt in die Wertschöpfungsaktivitäten ein. Zeiten sind relativ stabil und kontrollierbar. Kosten und Qualität der Ergebnisse unterliegen jedoch starken Schwankungen
3	… definiert	Wertschöpfungsaktivitäten sind beispielsweise in Form von Prozessbeschreibungen definiert und die Verantwortlichkeiten sind festgelegt. Kosten und Zeiten sind relativ sicher bewertbar. Allerdings schwankt die Qualität der Ergebnisse
4	… gesteuert	Sowohl für das Ergebnis als auch für den Erstellungsprozess werden quantitative Ziele vorgegeben, deren Erreichung gemessen und überwacht. Zeiten, Kosten und Qualität sind zuverlässig kontrollierbar
5	… Gegenstand von Optimierungen	Die Aufbauorganisation sucht kontinuierlich nach Schwächen und verbessert die Aktivitäten und ihre Ergebnisse

beschreibt die einem Punktwert zugeordneten Merkmale des Geschäftsmodells. Die Reifegrade der aktuellen Geschäftsmodelle spannen ein zweites Spinnennetz-Diagramm auf, vgl. den dunkelgrauen Bereich in Abb. 10.3.

Durch die Reifegradanalyse erlangen die Teilnehmer des Projekts einen schnellen Überblick über die aktuellen Kompetenzen und Geschäftsmodelle des eigenen Unternehmens. Außerdem zeigt die Diskussion der Lücken zwischen den Punktwerten einer Dimension des Spinnennetz-Diagramms (**Gap-Analyse**) erste Suchfelder für die Ideenfindung in Schritt 2 des Leitfadens auf: Eine Lücke auf einer Wertschöpfungsstufe kann einerseits eine **Chance** für ein innovatives Geschäftsmodell darstellen. Dies ist der Fall, wenn zwar Kompetenzen vorliegen, diesen aber bisher kein Geschäftsmodellmuster zur Monetarisierung am Markt gegenübersteht. Im Beispiel der Abb. 10.3 trifft dies auf den Bereich Vermittlung zu. Das Unternehmen betreibt bereits eine Online-Plattform zur Vermittlung von Leistungen. Allerdings wird diese Fähigkeit bisher nicht für den Bereich 3D-Druck genutzt. Somit bietet dieses bisher „unbesetzte Feld" der GIN3D-Wertschöpfungskette ein

Tab. 10.2 Reifegrade bestehender Geschäftsmodelle mit 3D-Druck

Punktwert	Reifegrad der Geschäftsmodelle	Beschreibung des Reifegrads
0	Nicht vorhanden	Es sind weder Ideen noch konkrete Umsetzungen von Geschäftsmodellen auf dieser GIN3D-Wertschöpfungsstufe identifizierbar
1	Ideen generiert	Es liegen Ideen für neue Geschäftsmodelle vor. Allerdings sind diese bisher weder unter Aspekten der Umsetzbarkeit noch der Wirtschaftlichkeit hinreichend evaluiert worden
2	Konzept erstellt und monetär bewertet	Ein belastbares Umsetzungskonzept für ein Geschäftsmodell liegt vor. Zur Erreichung des wirtschaftlichen Potenzials wurden konkrete mit Verantwortlichkeiten und Termine hinterlegte Maßnahmen definiert oder befinden sich bereits in Umsetzung. Ein monetärer Zielwert für das Konzept wurde im Rahmen einer Wirtschaftlichkeitsanalyse bestimmt
3	Pilot erfolgreich getestet	Das Geschäftsmodell ist im Hinblick auf die Dimensionen „Was-Wer-Wie-Wert" für einen Pilotbereich implementiert und erfolgreich validiert worden
4	Implementierung abgeschlossen	Das Geschäftsmodell ist im Hinblick auf die Dimensionen „Was-Wer-Wie-Wert" vollumfänglich implementiert. Allerdings steht ein Nachweis des wirtschaftlichen Erfolgs noch aus
5	Messbare Ergebniswirksamkeit	Das Geschäftsmodell wurde ergebniswirksam realisiert und lässt sich in der Gewinn- und Verlustrechnung nachweisen

Abb. 10.3 Kompetenz- und Geschäftsmodellprofil als Spinnennetz-Diagramm

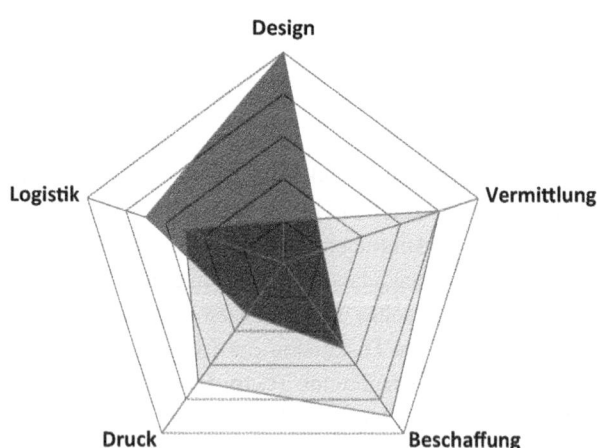

Potenzial zur Weiterentwicklung der bestehenden Geschäftsmodelle. Andererseits kann eine Lücke zwischen den aktuellen Kompetenzen und einer neuen Geschäftsmodell-Idee ein **Risiko** darstellen, wenn diese Fähigkeiten nicht einfach intern aufgebaut oder durch einen externen Partner eingebracht werden können. Beim Beispiel in Abb. 10.3 trifft dies auf das Design des digitalen 3D-Modells zu. Das identifizierte Delta deckt nicht nur eine Schwäche für das in diesem Bereich bestehende Geschäftsmodell auf, sondern ist ebenso bei der Ideenbewertung potenzieller neuer Geschäftsmodelle in Schritt 4 aufzugreifen.

Die folgenden **Leitfragen** in Tab. 10.3 helfen, die **Kernelemente der bestehenden Geschäftsmodelle**, also „Wer-Was-Wie-Wert?" detailliert zu erfassen. Inwiefern alle

Tab. 10.3 Leitfragen zur ganzheitlichen Erfassung des aktuellen Geschäftsmodells. (In Anlehnung an Gassman et al. (2013), S. 29 f.)

Wer? Kunden

- Welche Kunden bzw. -segmente werden hauptsächlich bedient? Nach welchen Kriterien werden die Kundensegmente unterschieden?
- Welche Art von Beziehung erwarten die Kunden und wie werden diese gepflegt? Wie viel kostet die Pflege der Kundenbeziehungen?
- Wer sind die wichtigsten Kunden?
- Welche wesentlichen weiteren Anspruchsgruppen bestehen und sind zu berücksichtigen?
- Über welche Absatzkanäle werden die Kunden bedient?
- Welche Gruppen beeinflussen die Kunden (Meinungsführer, Stakeholder, Anwender)?
- Werden die gleichen Kundensegmente von verschiedenen Unternehmensbereichen unterschiedlich angesprochen?
- Welche Menschen stecken hinter den Kunden? Sind dies immer noch die gleichen Menschen wie im nächsten Jahrzehnt? Insbesondere im Bereich der Geschäftskunden (B2B) wird der Mensch hinter dem Kunden vielfach vergessen

Was? Nutzenversprechen

- Welche Probleme und Bedürfnisse der Kunden werden gelöst oder befriedigt? Durch welche Produkte und Dienstleistungen geschieht dies?
- Was ist der wahrgenommene Kundenwert? Dieser ist oftmals nicht identisch mit den technischen Spezifikationen.
- Welcher Wert oder Nutzen wird für den Kunden geschaffen? Wie wird dieser kommuniziert?
- Inwiefern unterscheidet sich das Leistungsangebot von der Konkurrenz? Welche Alternativen hat der Kunde?
- Erfüllt das heutige Geschäftsmodell die Kundenbedürfnisse wirklich?

Wie? Wertschöpfungskette

- Welche Schlüsselressourcen benötigt die Erstellung der Angebote bzw. des Nutzenversprechens? Ressourcen umfassen physische, personelle und finanzielle Ressourcen sowie geistiges Eigentum.
- Welche Kompetenzen und Schlüsselaktivitäten sind für die Leistungserstellung erforderlich?
- Basiert die Wertschöpfungskette auf den Kernkompetenzen des Unternehmens?
- Wer sind die wichtigsten Partner in der Wertschöpfungskette? In welcher Beziehung stehen diese zum Unternehmen und was steuern sie zur Leistungserstellung bei?
- Wer sind die wichtigsten Lieferanten und was liefern sie?

Wert? Ertragsmechanik

- Welches sind die größten Kostenblöcke und wesentlichen Kostentreiber?
- Welches sind die Haupteinnahmequellen (sowie Anteile am Gesamtumsatz) und wie werden die Erträge generiert? Wofür sind die Kunden bereit zu zahlen?
- Wo bestehen finanzielle Risiken im derzeitigen Ertragsmodell?

Fragen detailliert beantwortet werden, sollte von einer Abwägung zwischen Aufwand und Nutzen abhängig gemacht werden. Eventuell ist bei einem guten Wissensstand der Teilnehmer eine verdichtete Darstellung im vorgenannten Spinnennetz-Diagramm als Startpunkt ausreichend.

Das GIN3D-Modell lässt sich ebenso zur Strukturierung der **Umfeldanalyse des Wettbewerbs** nutzen, indem es als Struktur der vorgenannten **Wertketten-Analyse** dient. Eine Wertkette untersucht systematisch die Wertschöpfungsaktivitäten eines Unternehmens, um Potenziale für Wettbewerbsvorteile aufzudecken. Jede Wertschöpfungsaktivität bietet Anknüpfungspunkte, um Kosten- oder Differenzierungsvorteilen gegenüber dem Wettbewerb zu schaffen [9]. Tab. 10.4 illustriert eine solche Wertketten-Analyse auf Basis der GIN3D-Wertschöpfungskette. Damit kann zum einen die Abdeckung der Wertschöpfungsstufen untersucht werden. Beispielsweise basiert die Wertschöpfungskette von Wettbewerber A im Kern auf der Vermittlung, etwa über eine Online-Plattform. Komplementäre Dienstleistungen wie Design, Druck und Logistik werden durch externe Partner erbracht. Demgegenüber weist Wettbewerber B eine relativ hohe Wertschöpfungstiefe auf, indem er alle Wertschöpfungsaktivitäten abdeckt und nur die Logistik an Partner ausgelagert ist. Zum anderen lassen sich je Wertschöpfungsstufe weitere Informationen wie zum Beispiel der Wertschöpfungsanteil oder die durchschnittliche Profitabilität als Indikator für die Attraktivität ergänzen.

Der Vergleich der Wertschöpfungsketten der Wettbewerber lässt erkennen, dass vermeintlich gleich aufgestellte Konkurrenten eine völlig andere Kostenstruktur aufweisen, die auf einen unterschiedlichen Ressourceneinsatz je Wertschöpfungsstufe zurückzuführen sind. Eine detaillierte Wertketten-Analyse beantwortet beispielsweise die folgenden Fragen: Ist die Abdeckung der Wertschöpfungsstufen branchenüblich? Ist die eigene Wertkette auf die Kundenbedürfnisse abgestimmt? Sind eventuell Kooperationen mit externen Partnern für komplementäre Wertschöpfungsstufen aufzubauen, um die Kundenbedürfnisse besser zu erfüllen? Führt die aktuelle Abdeckung der Wertschöpfungskette zu

Tab. 10.4 Illustratives Beispiel einer Wertketten-Analyse mit der GIN3D-Wertschöpfungskette

Legende: 1 = komplette Abdeckung 2 = Abdeckung geplant 3 = Abdeckung über Kooperation	Design	Vermittlung	Beschaffung	Druck	Logistik	Einsatz
Wettbewerber A	3	1		3	3	
Wettbewerber B	1	1	1	1	3	1
Wettbewerber C				1	1	
Wettbewerber D			2	1	2	
Wertschöpfungsanteil 100 % = Endverbraucherpreis	X %	X %	X %	X %	X %	X %
Profitabilität EBIT (Gewinn vor Zins und Steuern)	X %	X %	X %	X %	X %	X %

Wettbewerbsvorteilen oder welches Differenzierungspotenzial bietet sich? Oder resultieren aus der Ausgestaltung der Wertkette vor allem Nachteile im Hinblick auf die Kostensituation oder die Profitabilität?

Umfeldanalyse der Einflussfaktoren
Neben den Akteuren müssen die wesentlichen Einflussfaktoren auf das Geschäftsökosystem erfasst werden, um die Triebkräfte des Wandels, ihre zukünftigen Veränderungen und ihre Auswirkungen auf ein potenzielles Geschäftsmodell zu verstehen. Als Einflussfaktoren sind die relevanten Technologien und Trends zu untersuchen.

Aktuelle Grenzen der **Technologie des 3D-Drucks**, insbesondere im Hinblick auf die Serienfertigung, sind die Limitation auf bestimmte Materialien, die begrenzte Größe der druckbaren Bauteile (limitiert durch die Dimensionen des Bauraums oder die erforderliche Zeit für den Bauprozess), die Maßhaltigkeit und die Oberflächenbeschaffenheit der Bauteile, die exakte Reproduzierbarkeit, der Mangel an Kompetenzen der Mitarbeiter sowie Standards und Zertifizierungen für 3D-Druckprozesse. Im Hinblick auf die vorgenannten Grenzen ist festzuhalten, dass diese angesichts der rasanten Entwicklungsgeschwindigkeit der Technologie vermutlich nur eine zeitlich begrenzte Barriere darstellen. Insofern ist im Hinblick auf relevante Technologien nicht nur der aktuelle Stand, sondern ebenso die zukünftige Entwicklung einzubeziehen. Auf die Zukunftsszenarien sollte entweder rechtzeitig reagiert oder die Entwicklung mit entsprechenden Geschäftsmodellmustern antizipiert werden [10].

Neben Technologietrends sind **gesetzliche, makroökonomische, kulturelle und gesellschaftliche Trends** zu untersuchen, um die Umgebung des Geschäftsmodells, insbesondere die Gestaltungsmöglichkeiten und Beschränkungen, zu erfassen. Wie sich Trends für die Ideenfindung nutzen lassen, wird in Schritt 2 des Leitfadens aufgezeigt.

Die folgende **Checkliste** fasst die **Umfeldanalyse der Akteure und der Einflussfaktoren** des Geschäftsökosystems zusammen (in enger Anlehnung an Gassmann, Frankenberger und Csik (2013) [5]).

Checkliste Umfeldanalyse
- Wer sind die relevanten Akteure im Rahmen des bestehenden Geschäftsmodells?
- Was sind jeweils deren Bedürfnisse und Einflussmechanismen?
- Wie haben sich diese im Laufe der Zeit verändert? Wie werden sie sich zukünftig voraussichtlich ändern?
- Welche Implikationen ergeben sich hieraus für das Geschäftsmodell?
- Zeigen Veränderungen des Wettbewerbsumfelds Stoßrichtungen für eine Veränderung des Geschäftsmodells auf? Wenn ja, welche?
- Gab es in der Branche in der Vergangenheit wesentliche Innovationen verbreiteter Geschäftsmodelle? Wenn ja, was waren die Auslöser hierfür?
- Welche Technologien beeinflussen gegenwärtig das Geschäftsmodell?

- Wie verändern sich die Technologien? Wie sehen die Technologien in fünf oder zehn Jahren aus?
- Wie beeinflussen die zukünftigen Technologieentwicklungen das Geschäftsmodell?
- Was sind die relevanten Trends im Geschäftsökosystem des Unternehmens?
- Wie wirken diese Trends auf die unterschiedlichen Akteure eines Geschäftsmodells ein? Werden Schwächen oder Stärken des Geschäftsmodells durch diese verstärkt oder abgeschwächt?

Ein gemeinsames Verständnis des Unternehmensumfelds bei allen Projektteilnehmern schafft eine wichtige Basis für die Aktivitäten der folgenden Schritte des Leitfadens. Allerdings ist bei der Umfeldanalyse darauf zu achten, dass kein Ungleichgewicht zwischen dem Aufwand und dem Nutzen der damit einhergehenden Recherche entsteht und das Projektteam durch die sogenannte „Paralyse durch Analyse" in seinem Fortschritt gebremst wird. Ein weiteres Risiko ist, dass das aktuelle Umfeld als starre „Leitplanke" wahrgenommen wird. Ein solches Empfinden der Teilnehmer sollte im Rahmen der Ideenfindung proaktiv adressiert und aufgebrochen werden.

III. Workshop-Planung

Ein Großteil der Aktivitäten in Schritt 2 und Drei des Leitfadens, der Ideenfindung und -bewertung, findet im Rahmen eines zweitägigen Workshops statt. Als Aktivitäten der Workshop-Planung müssen, neben allgemeinen organisatorischen Aktivitäten wie Raumplanung und Einladung der Teilnehmer, ein Drehbuch erstellt, die Ergebnisse der Umfeldanalyse als Präsentation aufbereitet, Impulsvorträge vorbereitet und ein Moderator bestimmt werden.

Die Präsentation und anschließende Diskussion der Umfeldanalyse ermöglicht eine erste Identifikation ausbaufähiger Potenziale, die sich in späteren Schritten konkretisieren lassen. Im Rahmen der Vorstellung sind vor allem Bereiche mit niedrigen Reifegraden oder großen Lücken zu diskutieren. Diese können als Anregungsinformation bzw. Impulse für den nächsten Schritt der Ideenfindung dienen.

Ein Workshop lebt wie ein Theaterstück von einer bestimmten Dramaturgie. Entsprechend sollte das Workshop-Konzept in einem **Drehbuch** abgebildet werden, um die gewünschten Ziele innerhalb des gesetzten Zeitrahmens zu erreichen. Ein solches Drehbuch ist ein Ablaufplan, der den Verlauf, erforderliche Materialien und eventuell die zu erzielenden Zwischenergebnisse aufzeigt. Tab. 10.5 stellt ein beispielhaftes Drehbuch für die beiden Workshop-Tage vor.

Tab. 10.5 Beispielhafter Ablauf der beiden Workshop-Tage

Drehbuch für Workshop-Tag 1: Grundlagen, Ideenfindung und -bewertung

	Nr.	Thema	Dauer Stunden	Material
Vorbereitung und Analyse	1	Einführung: Motivation und Ziele von Geschäftsmodell-Innovationen, Überblick über Ablauf der Workshops	0,5	Präsentation, Ablauf auf Flipchart
	2	Präsentation der Umfeldanalyse: Kunden, Wettbewerb, aktuelle Kompetenzen und Geschäftsmodelle des eigenen Unternehmens	0,5	Präsentation, Ausdruck in DIN A0, Handouts
	3	Impulsvortrag zur Technologie: 3D-Druck – Nutzen, Grenzen, Anwendungen	0,5	Präsentation, Ausdruck in DIN A0
	4	Vorstellung der GIN3D-Wertschöpfungskette und der Geschäftsmodellmuster (vgl. Schulz/Feldmann/Kapell 2018)	1	Präsentation, Ausdruck in DIN A0, Handouts
	5	Präsentation der Kompetenz- und Geschäftsmodell-Analyse	1	Präsentation, Ausdruck in DIN A0, Handouts
Ideenfindung	6	Vorstellung der Kreativitätsmethoden zur Ideenfindung	0,25	Präsentation
	7	Offene Ideenfindung mit Kreativitätsmethoden in Kleingruppen	1	Moderationsmaterial, Flipcharts, Metaplanwände
	8	Systematische Ideenfindung mit dem GIN3D-Modell in Kleingruppen	1	Moderationsmaterial, Flipcharts, Handouts
Ideenbewertung	9	Präsentation der Ideen vor allen Teilnehmern	0,5	Flipcharts
	10	Bewertung und Priorisierung der Ideen mit allen Teilnehmern	1	Moderationsmaterial, Flipcharts, Metaplanwände
	11	Zusammenfassung und nächste Schritte	0,5	Flipcharts, Metaplanwände

(Fortsetzung)

Tab. 10.5 (Fortsetzung)

Drehbuch für Workshop-Tag 2: Konzepterstellung

	Nr.	Thema	Dauer	Material
Konzept-erstellung	1	Zusammenfassung von Tag 1 und Vorstellung des Ablaufs von Tag 2	0,5	Präsentation, Ablauf auf Flipchart
	2	Präsentation der priorisierten Ideen von Tag 1	0,5	Flipcharts, Metaplan-wände
	3	Erarbeitung der Konzepte der Geschäftsmodelle für aus-gewählte Ideen in Kleingruppen	4	Moderationsmaterial, Flipcharts, Metaplan-wände
	4	Präsentation der Geschäfts-modelle und Diskussion mit allen Teilnehmern	1	Flipcharts, Metaplan-wände
	5	Bewertung der Geschäfts-modell-Konzepte und Auswahl für die Umsetzung	1	Moderationsmaterial, Flipcharts, Metaplan-wände
	6	Zusammenfassung und nächste Schritte	0,5	Flipchart

10.2.3 Zusammenfassung Schritt 1: Analyse und Vorbereitung

Die Analyse und Vorbereitung dienen zum einen dazu, das Projektteam zusammenzu-stellen und die nächsten Schritte im Rahmen der Projektplanung vorzubereiten. Zum anderen ist eine gemeinsame Wissensbasis der Teilnehmer als Startpunkt für die Ideen-findung zu etablieren. Dafür ist ein gemeinsames Verständnis sowohl über das Umfeld, das heißt die Akteure und Einflussfaktoren des Geschäftsökosystems, zu schaffen. Ins-besondere sind die bestehenden Kompetenzen und Geschäftsmodelle im Hinblick auf ihre Reifegrade zu analysieren, um erste Impulse für die Ideenfindung im folgenden Schritt zu erhalten. Hinweise für die Workshop-Planung komplettieren die Hinweise für die Vorbereitung der folgenden Schritte der Ideenfindung und -bewertung.

10.3   Schritt 2: Ideenfindung

10.3.1 Ziele und Inhalte

Innovationen entstehen aus Ideen. Sie sind Einfälle und Gedanken von Menschen zur praxiswirksamen Lösung von Problemen. Für die Ideenfindung (engl. Ideation) ist Kreativi-tät erforderlich, also die Fähigkeit, neue und nützliche Ideen hervorzubringen. Ein systema-tischer Kreativitätsprozess weist mit dem divergierenden und dem konvergierenden Denken zwei Phasen auf, die getrennt voneinander organisiert werden sollten. **Divergierendes**

Denken meint die breite Suche nach zahlreichen neuen Ansätzen. Diese Phase wird im Rahmen der Ideenfindung abgebildet (Schritt 2 des Leitfadens). Dabei geht es zunächst um die Sammlung möglichst vieler Ideen, ohne diese zu bewerten (konvergierendes Denken). Um in kreativen Denkprozessen Neues zu schaffen, werden bisher nicht verknüpfte Gedanken miteinander verzahnt. Dafür müssen bekannte Denkmuster verlassen werden, um wirklich Neues zu entdecken. Um dies zu erreichen, gilt es Beurteilungen von Idee zurückzustellen, Quantität vor Qualität zu stellen und nach ungewöhnlichen Ideen zu suchen, auch durch die Weiterentwicklung und die Verbindung von ersten Ideen. **Konvergierendes Denken** bedeutet eine zielgerichtete Evaluation der gefundenen Ideen, die im Rahmen der Bewertung im nachfolgenden Schritt 3 erfolgt. Dabei werden vielversprechende Ideen herausgefiltert, die in Schritt 4 zu Konzepten weiterentwickelt werden. Diese strikte Trennung in Schritte bzw. Denkphasen ermöglicht, dass die Fragestellung aus verschiedenen Perspektiven beleuchtet wird und neue Ideen nicht durch „Denkrahmen" eingeschränkt werden [11].

> „Der beste Weg, eine gute Idee zu haben, ist viele Ideen zu haben" – Louis Pasteur.

Das Ziel der Ideenfindung am ersten Workshop-Tag ist das Hervorbringen von Ideen für die anschließende Bewertung und Ausarbeitung von Konzepten für neue Geschäftsmodelle. Eine Geschäftsmodell-Innovation sollte kein chaotischer Prozess kreativer Einzelpersonen mit revolutionären Ideen sein – zumal die dafür erforderlichen Genies in der Praxis nur rar gesät sind. Vielmehr sind funktionierende Werkzeuge und Prozesse bereitzustellen, um systematisch Innovationen in bereichs- und eventuell unternehmensübergreifenden Teams zu generieren. Für die Ideenfindung wird dies in einem zweigeteilten Prozess realisiert. Im ersten Teil, der **offenen Ideenfindung,** sammeln die Teilnehmer des Workshops erste Ideen mithilfe bewährter Kreativitätstechniken. Im zweiten Teil, der **systematischen Ideenfindung,** werden auf Basis der 29 Geschäftsmodellmuster der GIN3D-Wertschöpfungskette auf strukturierte Weise weitere Ideen generiert. Die offene Ideenfindung erfolgt vor der systematischen Ideenfindung, damit die Teilnehmer sich bei der Anwendung der Geschäftsmodellmuster auf das eigene Unternehmen auf die vorstrukturierten Anregungsinformation konzentrieren können. Erkenntnisse aus der vorherigen Analyse der Kundenbedürfnisse, des Wettbewerbs und der eigenen Kompetenzen in Schritt 1 unterstützen die Ideenfindung als Anregungsinformation.

10.3.2 Offene Ideenfindung mit Kreativitätsmethoden

Kreativität ist die Fähigkeit zur Entwicklung neuer, origineller Ideen, die einen Nutzen stiften. Sie steht am Anfang einer Innovation, das bedeutet einer marktreifen Erfindung oder einer Leistung, für die Kunden bereit sind zu zahlen. Kreativität meint nicht die plötzliche Eingebung, die vom sprichwörtlichen Himmel fällt. Es handelt sich vielmehr um einen Prozess, der bewusst und systematisch betrieben werden sollte, um Ideen hervorzubringen, die sich zu marktrelevanten Geschäftsmodell-Innovationen entwickeln lassen.

Zunächst sind im ersten Teil die Ideen mithilfe von bewährten Kreativitätstechniken zu generieren. Vgl. ebenso das Drehbuch für den ersten Workshop-Tag. Dabei sollte der Status quo ignoriert und mögliche Risiken sowie betriebswirtschaftliche Leitplanken zunächst ignoriert werden. Aus der großen Vielfalt an Methoden zur Ideenfindung werden im Folgenden Brainstorming, Brainwriting und die Trend-Methode als erfolgreich getestete Methoden vorgestellt.

Brainstorming

Der „Klassiker" der Ideenfindung ist das **Brainstorming,** das sich insbesondere für den Anfang einer Ideenfindung eignet [11]. Beim Brainstorming wird die Fragestellung in Form von „Wie könnten wir …" für die Teilnehmer sichtbar formuliert, um den richtigen Startpunkt zu setzen (sog. „How might we"-Fragen (HMW)) [12]. Die Teilnehmer nennen ihre Ideen, die der Moderator unmittelbar für alle sichtbar auf einem Flipchart oder einem Whiteboard notiert. Dabei werden alle Ideen ohne Kommentare oder Kritik akzeptiert. Eine Bewertung und Auswahl erfolgt erst im zweiten Schritt. Es gelten die folgenden Regeln [4, 7, 8]:

- Quantität vor Qualität: Je mehr Ideen im gesetzten Zeitrahmen generiert werden, desto besser.
- Keine Kritik: Jede Idee ist erlaubt. Bewertungen und Diskussionen finden erst nach dem Brainstorming statt.
- Alle Ideen visualisieren: Sehen, um Assoziationen zu fördern.
- Weiterentwicklungen und Ergänzungen zu bestehenden Ideen sind erlaubt und erwünscht. Das Team sollte zunächst auf der gerade eingebrachten Idee aufsetzen, bevor neue Ideen eingebracht werden.
- Auch ungewöhnliche Ideen sind willkommen.
- Fokus: Der Bezug zur Fragestellung muss stets bestehen bleiben.

Brainstorming fördert die intuitive Ideenfindung auf Basis von unbewussten Assoziationsketten, die bisher unverbundene Gedanken miteinander verknüpfen. Ziel ist es, in kurzer Zeit möglichst viele Ideen zu finden [7]. Originelle Ideen werden oft spontan, ohne lange Überlegungen gefunden. Allerdings hängen die Quantität und Qualität der Ideen stark von der Erfahrung des Moderators, der Motivation und dem Wissen der Teilnehmer ab. Zudem beteiligt sich erfahrungsgemäß nur etwa ein Drittel der Teilnehmer. Die Ideen der eher introvertierten Teilnehmer bleiben so unerkannt.

Brainwriting

Eine gute Alternative stellt das sogenannte **Brainwriting** dar. Diese Methode ist als schriftliche Ideenfindungstechnik eine „stumme" Form des Brainstormings, die keinen Moderator erfordert [11, 12]. Der synonyme Name 6-3-5-Methode steht für die Grundform des Brainwritings: Sechs Teilnehmer schreiben jeweils drei Ideen innerhalb von fünf Minuten auf ihr eigenes Arbeitsblatt [11]. Der Ablauf wird wie folgt organisiert: Als Startpunkt ist eine Fragestellung in Form von „Wie könnten wir …" zum Problem zu formulieren. Die Teilnehmer werden in Kleingruppen von etwa sechs Teilnehmern eingeteilt. Auf einem Arbeitsblatt wird eine leere Tabelle mit sechs Zeilen und drei Spalten vorbereitet, vgl. Abb. 10.4. [7, 8].

Jeder Teilnehmer überlegt sich drei Ideen und schreibt diese in die erste Reihe der Tabelle – in lesbarer Form und selbsterklärender Formulierung. Nach fünf Minuten werden die Arbeitsblätter im Uhrzeigersinn an den jeweils nächsten Teilnehmer weitergereicht und jeder ergänzt in fünf Minuten drei weitere Ideen. Dabei können entweder die Ideen des vorherigen Teilnehmers weiterentwickelt oder weitere neue Ideen notiert werden. Ideen werden nicht diskutiert, lediglich Verständnisfragen sind erlaubt. Nach weiteren fünf Minuten wird der Vorgang wiederholt. Dies erfolgt so oft, bis eine komplette Runde durchlaufen wurde. Damit hat eine Gruppe bis zu 108 Ideen in nur 30 min gesammelt. Brainwriting weist wesentliche Vorteile im Vergleich zum Brainstorming auf: Zum einen bringt jeder Teilnehmer seine Ideen ein, auch langsamere bzw. introvertierte Teilnehmer [13]. Hemmungen, die durch Hierarchiegefälle verursacht sein können, werden abgeschwächt. Zum anderen ist die Qualität der Ideen vergleichsweise höher, da die Teilnehmer mehr Zeit zum Überlegen als beim Brainstorming haben.

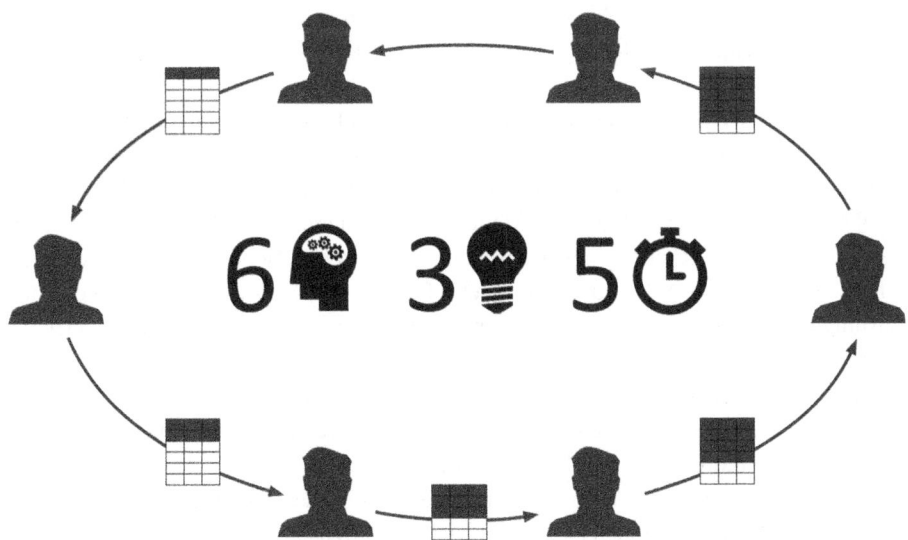

Abb. 10.4 Brainwriting als Kreativitätsmethode für die Ideenfindung

Trend-Innovationsmethode

In Schritt 1 des Leitfadens wurden bereits technologische, gesetzliche, makroökonomische, kulturelle und gesellschaftliche Trends untersucht, um die Umgebung des
Geschäftsmodells, insbesondere die Gestaltungsmöglichkeiten und Beschränkungen, zu
erfassen. Solche Trends lassen sich für die Ideenfindung als Innovationsimpulse nutzen.
Die Herausforderung in der strategischen Entwicklung von Geschäftsmodellen besteht
jedoch darin, bereits heute die zukünftigen Marktanforderungen und Kundenbedürfnisse
zu erkennen [7]. Eine weitere Möglichkeit zur Identifikation von zukünftigen Kunden-
und Marktanforderungen ist die Szenario-Technik. Auf Basis von Trends werden alternative, in sich konsistente Zukunftsbilder entworfen. Hierzu bringen die Teilnehmer ihr
jeweiliges Wissen über die Entwicklung verschiedener Branchen und Bereiche ein. Als
Ergebnis entstehen verschiedene Szenarien mit einem hohen Abstraktionsgrad aus der
sich wiederum ein neues Wertangebot oder auch Geschäftsmodell ableiten lässt [14].

Ein Beispiel bieten **gesellschaftliche Megatrends**. Dies sind globale, gesellschaftliche Entwicklungen, die Konsumverhalten verändern und die Zukunft von Märkten
beeinflussen. Bei frühzeitiger Vorhersage lassen sich aus den Trends Ansatzpunkte für
innovative Geschäftsmodelle ableiten: Wie beeinflussen langfristige Trends das Leben
und Denken der Kunden in Zukunft? Wie verändern sich ihre Bedürfnisse? Wie kann
unser Unternehmen entsprechende Leistungsangebote zur Befriedigung dieser Bedürfnisse anbieten und so die Chancen der Veränderung nutzen?

Beispiele sogenannter Megatrends sind die digitale Vernetzung, die Urbanisierung,
das Cocooning, die alternde Gesellschaft und eine zunehmende Ressourcenverknappung.
Wie solche Trends Impulse für die Geschäftsmodell-Innovation mit 3D-Druck bieten können, lässt sich anhand von Beispielen erläutern. Die zunehmende **Vernetzung**
kann zu einem verstärkten Bedarf von Online-Plattformen zur digitalen Vermittlung
von Wertschöpfungsaktivitäten für den 3D-Druck führen. Beispiele sind Marktplätze,
um Anbieter und Nachfrager von digitalen 3D-Modellen für den Druck zusammen-
zubringen. Die **Urbanisierung** führt zu Ballungszentren, in denen ein Großteil der
Bevölkerung lebt. Diese Entwicklung kann beispielsweise einen Hinweis darauf geben,
die Wertschöpfungsstufe Logistik der GIN3D-Wertschöpfungskette vor allem auf die
Distribution der sogenannten „letzten Meile" zu fokussieren. Das Phänomen des **Cocooning** bezeichnet den Rückzug der Menschen in die private Geborgenheit, um der hek-
tischen, globalisierten Welt zu entkommen. Dieser Trend eröffnet die Chance, dass
Konsumgüter in der Zukunft vermehrt von den Konsumenten selbst zu Hause oder von
3D-Druckdienstleistern mit einem regionalen Distributionsnetzwerk gedruckt werden.
Für dieses Szenario kann beispielsweise die Entwicklung und der Verkauf von Dru-
ckern, die sich für die heimische Wohnung eignen, forciert werden. Die zunehmende
Ressourcenverknappung kann Hinweise darauf liefern, wie die Hardware, Druck-
prozesse und -rohstoffe zukünftig zu gestalten sind, um den 3D-Druck im Hinblick auf
Energie- und Materialverbrauch ökologisch sinnvoll aufzustellen.

Da keine Vorgaben oder Restriktionen für die zugrunde liegende Umfeldanalyse
bestehen, ist die Szenario-Technik als trendantizipierende Kreativitätsmethode ein sehr

weit gefasstes Modell. Die resultierenden, detaillierten Zukunftsbilder können beliebig
vielen Bedingungen unterliegen, die keinen direkten Bezug auf den Untersuchungs-
gegenstand haben und somit auf einem hohen Abstraktionsniveau bleiben. Aus diesem Grund eignet sich die Szenario-Technik besonders zur Erweiterung des Horizonts
der Teilnehmer und zur Stärkung der Vorstellungskraft. Die Szenario-Technik kann vor
allem dazu eingesetzt werden, ein solides Grundverständnis für ein darauffolgendes
Brainstorming zu entwickeln [14].

Zusammenfassung

Als Methoden zur offenen Ideenfindung wurden Brainstorming, Brainwriting und die
Trend-Innovationsmethode bzw. die Szenario-Technik vorgestellt. Unterstützend lassen sich weitere Kreativitätsmethoden einsetzen, um weitere Ideen zu generieren. Bei
der Auswahl der Methoden ist darauf zu achten, dass diese dazu geeignet sind, mentale
Denkschranken mit provozierenden Ansätzen zu durchbrechen und frische Ideen jenseits
der vorherrschenden Branchenlogik fördern. Im zweiten Teil, der systematischen Ideenfindung, werden auf Basis der Geschäftsmodellmuster der GIN3D-Wertschöpfungskette
auf strukturierte Weise weitere Ideen generiert.

10.3.3 Systematische Ideenfindung mit der GIN3D-
Wertschöpfungskette

In vielen Fällen führt die Betrachtung des Geschäftsökosystems, der bestehenden Kompetenzen und Geschäftsmodelle im Rahmen der Umfeldanalyse in Schritt 1 und die
offene Ideenfindung schnell zu ersten Ideen, die mögliche Ansätze für eine Geschäftsmodell-Innovation bieten. Eine größere Herausforderung stellt jedoch der Transfer
einer ersten Idee in ein neues Geschäftsmodell dar. Eventuell ist das Nutzenversprechen
für den Kunden zu vage oder das abstrakte Denken in Geschäftsmodellen bereitet den
Beteiligten Probleme. Hier setzt die systematische Ideenfindung mit den 29 Geschäftsmodellmustern der GIN3D-Wertschöpfungskette an.

Warum dienen die Geschäftsmodellmuster der GIN3D-Wertschöpfungskette als
Anregungsinformation für die Ideenfindung? Erfahrungsgemäß fällt es schwer, sich bei
der Entwicklung neuer Ideen von der bestehenden, eigenen Branchenlogik mental zu
befreien. Hier bieten die Beispiele des GIN3D-Modells Impulse, um mentale Barrieren
aufzuweichen und wirklich Neues entstehen zu lassen. Die GIN3D-Geschäftsmodell-
muster dienen als Werkzeug, um die Kreativität und das divergente Denken der Workshop-Teilnehmer zu fördern: Neue Geschäftsmodelle lassen sich insbesondere über
kreative Imitation und Rekombination bestehender Geschäftsmodellmuster entwickeln.
Innovationen sind vielfach Variationen von bereits existierenden Dingen. Dabei bietet
Bestehendes aus anderen Branchen oder Märkten Inspiration für die Anwendung existierender Geschäftsmodell-Elemente auf die eigene Situation [5].

Außerdem werden die Teilnehmer des Workshops dazu angehalten, in Geschäftsmodellen zu denken – und nicht nur in Technologien, Produkten und Prozessen. Technologien wie der 3D-Druck sind zwar vielfach die Treiber bzw. „Enabler" für neue
Geschäftsmodelle. Allerdings sind die meisten Technologien nicht nur einer breiten Basis
an Unternehmen bekannt, sondern auch am Markt verfügbar, soweit sie nicht patentrecht-
lich geschützt sind. Der Wettbewerbsvorteil entsteht erst mit der betriebswirtschaftlichen
Verwertung der technischen Potenziale im Rahmen einer Geschäftsmodell-Innovation.

> Die 29 Geschäftsmodellmuster der GIN3D-Wertschöpfungskette dienen als
> Innovationsimpuls zur systematischen Ideenfindung.

90 % aller Geschäftsmodell-Innovationen sind Rekombinationen von 55 unterscheid-
baren Mustern. Ein **Geschäftsmodellmuster** (synonym: Geschäftsmodelltyp) ist eine
generelle Beschreibung der Funktionsweise einer Gruppe von Geschäftsmodellen. Das
Merkmal einer solchen Gruppe von Geschäftsmodellen ist deren Ähnlichkeit in Bezug
auf die in Kap. 3 beschriebenen Elemente und deren Zusammenspiel [5]. Für die Innovation von Geschäftsmodellen mit 3D-Druck wurden aus der vorgenannten Grundgesamt-
heit 29 Muster als relevant identifiziert.

Jeder Stufe der GIN3D-Wertschöpfungskette sind in Tab. 5.1, 5.2, 5.3, 5.4, 5.5 und
5.6 die jeweils zugehörigen Geschäftsmodellmuster zugeordnet. Für eine detaillierte
Erläuterung ist auf Kap. 5 zu verweisen.

Die systematische Ideenfindung basiert auf der sogenannten **Musteradaption** [5].
Bei der Musteradaption sind die 29 Geschäftsmodellmuster jeweils gedanklich auf das
eigene Unternehmen anzuwenden, um so neue Ideen für Geschäftsmodelle zu generieren. Dabei wird das Gehirn der Teilnehmer mit Sachverhalten konfrontiert, die es bisher
nicht kennt, um eine neue Sichtweise einzunehmen. Die Anwendung von Mustern, die in
der Branche bisher nicht bekannt sind, auf das eigene Unternehmen durchbricht dominante Denkmuster und Branchenlogiken. Die Geschäftsmodellmuster des GIN3D-Mo-
dells dienen als Inspirationsquelle: Welches Anwendungsbeispiel aus der Praxis könnte
Potenziale für das eigene Unternehmen aufweisen? Welche Ideen aus der Literatur klin-
gen vielversprechend? Wie lässt sich ein Beispiel sinnvoll weiterentwickeln oder aufs
eigene Unternehmen anpassen? Das GIN3D-Modell regt zum Weiterdenken an und
schwächt das **„Not invented here"-Syndrom** (NIH) ab. Das NIH-Syndrom beschreibt
die Diskreditierung und Nichtbeachtung von bestehendem Wissen aufgrund der Tat-
sache, dass das Unternehmen dieses Wissen bzw. eine Idee nicht selbst generiert hat [5].

Die Übertragung der Geschäftsmodellmuster auf das eigene Unternehmen kann auf
zwei Wegen erfolgen: Mithilfe des Ähnlichkeitsprinzips oder mit dem Konfrontationsprinzip [5]. Beim **Ähnlichkeitsprinzip** starten die Teilnehmer mit der Übertragung von
denjenigen Mustern auf das eigene Geschäftsmodell, die sich auf den gleichen Wertschöpfungsstufen des GIN3D-Modells finden, in denen das Unternehmen bereits tätig

ist. Die Zuordnung von Geschäftsmodellmustern zu den Wertschöpfungsstufen ist dem Anhang zu entnehmen. Bei der Ideenfindung nach dem Ähnlichkeitsprinzip ist die Frage zu beantworten, welche positive Veränderung durch die Übertragung eines ähnlichen Musters im Geschäftsmodell bewirkt wird. Dafür sind zunächst diejenigen Muster auszuwählen, zu denen Beispiele in der Praxis oder in der Literatur existieren, eventuell in der Branche des betrachteten Unternehmens (weitere Beispiele finden sich in Teil I des Buches). Danach werden die identifizierten Muster sequenziell auf das eigene Geschäftsmodell übertragen. Dies bedeutet, dass die Muster und deren Praxisbeispiele nacheinander den Teilnehmern vorgestellt werden. Dabei sind für jedes Muster konkrete Ideen zu formulieren, welches Kundenbedürfnis das Geschäftsmodell befriedigen würde und wie es in das eigene Unternehmen passen könnte. Falls in einem ersten Durchgang keine geeigneten Ideen gefunden wurden, so ist der Prozess auf Basis von Mustern aus anderen GIN3D-Wertschöpfungsstufen, auf denen das Unternehmen bisher noch nicht aktiv ist, und aus anderen Branchen zu wiederholen.

Bei der **Musteradaption nach dem Konfrontationsprinzip** erfolgt die Suche nach innovativen Geschäftsmodellmustern nicht durch sukzessives Suchen in ähnlichen Wertschöpfungsstufen und benachbarten Branchen. Vielmehr werden die Teilnehmer mit möglichst branchenfremden Geschäftsmodellen konfrontiert, um innovative Ideen außerhalb der bestehenden Denkmuster und der traditionellen Branchenlogik zu finden. Dafür werden etwa acht Muster aus der Gesamtheit der 29 identifizierten Geschäftsmodellmuster selektiert, die sich vom existierenden Geschäftsmodell und der bestehenden Branchenlogik fundamental unterschieden. Diese sind dann im Sinne einer „Konfrontation von Extremen" auf das eigene Unternehmen zu übertragen. Dabei sollte der Moderator möglichst konkrete Firmennamen, die stellvertretend für ein Geschäftsmodellmuster stehen, verwenden. Ein Beispiel im Hinblick auf das Muster Franchising: Wie würde McDonald´s unser Unternehmen umgestalten? Dieses Denken in Analogien erleichtert es den Teilnehmern, sich von der bestehenden Branchenlogik zu lösen und sich auf ein breites Suchfeld für innovative Ideen einzulassen. Falls in einem ersten Durchgang keine geeigneten Ideen gefunden wurden, ist der Prozess mit einer Auswahl anderer Muster zu wiederholen [5].

Bei der Musteradaption nach dem Ähnlichkeits- oder Konfrontationsprinzip lassen sich drei Vorgehensweisen, einzeln oder in Kombination, anwenden: Übertragen, Kombinieren und Wiederholen. Beim **Übertragen** wird ein bestehendes Geschäftsmodell auf eine neue Branche transferiert. **Kombinieren** bedeutet, dass zwei oder mehr Geschäftsmodellmuster anderer Unternehmen auf das eigene Unternehmen übertragen und kombiniert werden. Beim **Wiederholen** wird ein erfolgreiches Geschäftsmodell aus einem anderen Produktbereich für einen neuen Bereich implementiert [5].

Neben der offenen Ideenfindung mit Kreativitätsmethoden und der systematischen Ideenfindung mit Mustern entlang der GIN3D-Wertschöpfungskette existieren weitere Quellen für Innovationsimpulse, die sich bei der Ideenfindung einbeziehen lassen. Abb. 10.5 bietet einen Überblick über unternehmensinterne und -externe Quellen, um Ideen zu entwickeln oder zu sammeln.

Abb. 10.5 Weitere Quellen für die Ideenfindung

10.3.4 Präsentation der Ideen in einem Workshop

Als Ergebnis der Ideenfindung am ersten Workshop-Tag liegen zahlreiche Ideen vor, die in einer geeigneten Art und Weise erfasst und gespeichert werden müssen. Dafür stellt jede Gruppe maximal drei Ideen vor allen Teilnehmern vor, eventuell nach einer Vorselektion innerhalb der Gruppe. Zur Präsentation der priorisierten Ideen lässt sich der in Tab. 10.6 dargestellte **NABC-Ansatz** aus dem Design Thinking nutzen [5]. Das Akronym NABC steht für Need (Kundenbedürfnis), Approach (Lösungsansatz), Benefit (Nutzen, Wert) und Competition (Wettbewerb) [15]. Mithilfe des NABC-Rasters werden die Ideen aus vier wettbewerbsrelevanten Perspektiven – der Kunden-, Innen-, Wert- und Außensicht – in maximal zwei Minuten vorgestellt (engl. Elevator Pitch). Die Methode eignet sich insbesondere dafür, um anderen Teilnehmern neue Ideen kurz und prägnant vorzustellen. Nach der Präsentation der Idee vor der Gruppe kann Feedback eingeholt werden, um die Idee iterativ weiterzuentwickeln.

Eine alternative Methode zur Präsentation ist **Pecha Kucha.** Wie beim NABC-Pitch geht es auch hier darum, eine komplexe Idee innerhalb eines kurzen Zeitraums vorzustellen. Dafür stehen zwanzig mal zwanzig Sekunden zur Präsentation von exakt 20 Folien,

Tab. 10.6 NABC-Ansatz zur Vorstellung von Ideen nach Gassmann, Frankenberger und Csik (2013) [5]

NEED Kundenbedürfnis	APPROACH Ansatz für Leistungs- erbringung	BENEFIT Nutzen/Wert	COMPETITION Wettbewerb
- Welches Bedürfnis welcher Kunden wird bedient? - Was sind unsere Chancen bei diesen Kunden?	- Welchen Ansatz für das Leistungsver-sprechen verfolgen wir? - Wie wird die Leis-tung erbracht bzw. Wert generiert?	- Was ist der Nutzen bzw. der Wert für den Kunden? - Welchen Wert erzielt das Unter-nehmen? - Qualitative und quantitative Aspekte?	- Was gibt es für alter-native Leistungsan-gebote? - Wer ist der Wettbewerb und was bietet dieser den Kunden? - Wie führt diese Lösung zu einer Differenzierung zum Wettbewerb?
Kundensicht	**Innensicht**	**Wertsicht**	**Außensicht**

beispielsweise in PowerPoint, zur Verfügung. Die Präsentationssoftware kann die Ein-blendung der Folien in den entsprechenden Zeiträumen automatisch takten [15].

Alternativ werden die wesentlichen Inhalte der jeweiligen Idee in Stichpunkten auf einer Moderationskarte beschrieben und dem Teilnehmerkreis verbal präsentiert. Im Anschluss sind identische Ideen zusammenzufassen und inhaltlich miteinander verzahnte bzw. ähnliche Ideen in Clustern zu konsolidieren.

Nach der Präsentation und Diskussion der Ideen erfolgt eventuell eine erste Priorisie-rung, sodass eine kurze Liste der besten Ideen generiert wird. Diese erste Filterung kann beispielsweise mit einer sogenannten Punktabfrage erfolgen. Dabei ordnet jeder Teil-nehmer drei Klebepunkte seinen favorisierten Ideen zu – entweder verteilt auf mehrere Ideen oder alle Punkte einer Idee zugeordnet. Eine bestimmte Anzahl an Ideen mit den meisten Punkten wird im folgenden Schritt 3, der Ideenbewertung, weiter evaluiert.

10.3.5 Zusammenfassung Schritt 2: Ideenfindung

Die Ideenfindung am ersten Workshop-Tag dient dem Hervorbringen von Ideen für innovative Geschäftsmodelle. Dies erfolgt zum einen über die offene Ideenfindung mit Kreativitätstechniken wie Brainstorming, Brainwriting oder der Trend-Innovations-methode. Zum anderen werden Ideen mithilfe der systematischen Ideenfindung auf Basis der 29 Geschäftsmodellmuster der GIN3D-Wertschöpfungskette generiert.

10.4   Schritt 3: Ideenbewertung

10.4.1 Ziele und Inhalte

Die Ideenbewertung verfolgt das Ziel, die Wahrscheinlichkeit des wirtschaftlichen Erfolgs einer innovativen Idee zu erhöhen und das Risiko eines Fehlschlags zu minimieren. Die Beurteilung der Ideen aus Schritt 2 dient dazu, aus der Vielzahl alternativer Einfälle, die Erfolg versprechenden Ideen zu selektieren. Die einzelnen Ideen werden dabei im Hinblick auf ihre Marktfähigkeit und Wirtschaftlichkeit in eine Rangfolge gebracht. Ziel ist die Identifikation derjenigen Geschäftsmodell-Ideen mit hohem Marktpotenzial bei geringem Ressourceneinsatz bzw. guter Ausnutzung der eigenen Stärken. Das Herausfiltern nicht Erfolg versprechender Ideen dient dazu, das Risiko von Ressourcenverschwendung zu reduzieren und die knappen Entwicklungsressourcen zielgerichtet einzusetzen.

> „Wirklich innovativ ist man nur dann, wenn mal etwas daneben gegangen ist"
> – Woody Allen.

Bei der Ideenbewertung werden die zuvor erarbeiteten Ideen für innovative Geschäftsmodelle evaluiert, beispielsweise im Hinblick auf ihre technische Realisierbarkeit, ihren potenziellen Markterfolg oder ihres Beitrags zu den strategischen Zielen des Unternehmens. Für die Präferenzbildung beurteilen die Teilnehmer die im Workshop erarbeiteten Ideen hinsichtlich ihres Erfolgspotenzials. Dies erfolgt in Form des in Abb. 10.6 dargestellten **zweistufigen Filterprozesses**. Zunächst werden die Ideen mit **qualitativen Methoden** wie etwa Checklisten und Nutzwertanalysen beurteilt. Danach werden die vorselektierten Ideen mit **quantitativen Methoden** wie Wirtschaftlichkeitsberechnungen weiter bewertet und selektiert [7]. Als quantitative Bewertungsmaßstäbe dienen vor allem monetäre, kapazitäts- und zeitraumbezogene Größen, während sich die qualitativen Selektionskriterien einer unmittelbaren zahlenmäßigen Erfassung entziehen, beispielsweise inhaltliche Schwächen oder Fit zu den strategischen Zielen der Unternehmensentwicklung. Durch das abgestufte Vorgehen lassen sich sowohl der zeitliche wie auch der personelle Aufwand für die Ideenbewertung signifikant verringern.

Übliche **Merkmalskategorien** zur Festlegung unternehmensspezifischer Bewertungskriterien sind ökonomische Merkmale wie Return-on-Investment und Gewinn, technologische Merkmale wie Integrationsfähigkeit in bestehende Prozesse und Strukturen, absatzwirtschaftliche Merkmale wie Marktvolumen und Wettbewerbssituation, strukturelle Merkmale wie personelle Kompetenzen und räumliche Kapazitäten, zeitliche Merkmale wie Dauer der Realisierung und Amortisationszeit sowie sonstige Merkmale wie ökologische Folgewirkungen und rechtliche Rahmenbedingungen. Diese Bewertungskriterien sind im Hinblick auf ihre Bedeutung für den Innovationserfolg unternehmensindividuell zu gewichten [7].

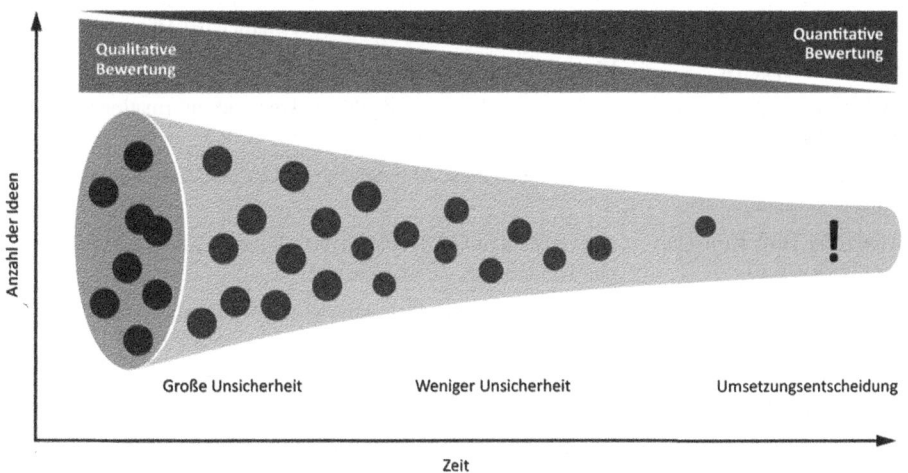

Abb. 10.6 Filterprozess der Ideenbewertung mit qualitativen und quantitativen Methoden

Die einzelnen Gruppen präsentieren die Ergebnisse des Schritts „Ideenfindung" dem gesamten Teilnehmerkreis des Workshops. Jede Idee für ein Geschäftsmodell wird im Anschluss der Präsentation mit allen Teilnehmern diskutiert und bewertet, zunächst mit qualitativen Methoden.

10.4.2 Qualitative Methoden der Ideenbewertung

Die qualitative Ideenbewertung dient als erster grober Filter dazu, mit relativ geringem Bewertungsaufwand eine Vorauswahl von Ideen zu treffen. Dabei werden insbesondere solche Ideen eliminiert, die eindeutig als nicht tragfähig oder implementierbar erachtet werden, beispielsweise aufgrund von finanziellen oder kapazitativen Restriktionen bei der Umsetzung. Als Werkzeuge werden im Folgenden die Methode der sechs Denkhüte, die Innovations- und die Strategie-Fit-Checkliste, die 2×2-Matrix, der Paarvergleich und die Nutzwertanalyse vorgestellt.

Sechs-Denkhüte als Methode zur Ideenbewertung
Verbale Einschätzungen sind ein schnelles und einfaches Verfahren zur qualitativen Bewertung. Eine Methode hierfür sind die **Sechs-Denkhüte** [16], auch als „laterales Denken" bekannt [15]. Dabei handelt es sich um eine Diskussion von sechs Teilnehmern, die jeweils einen vorher festgelegten Blickwinkel auf eine Geschäftsmodell-Idee einnehmen. Die Methode basiert auf der Erkenntnis, dass sich Menschen nur gut auf eine Sache konzentrieren können, in diesem Fall die Betrachtung einer Geschäftsmodell-Idee aus einer bestimmten Perspektive. Die Farbe eines Hutes symbolisiert einen von sechs vordefinierten Blickwinkeln, aus dem während der Diskussion vom jeweiligen Teilnehmer mit einer bestimmten Hut-Farbe argumentiert wird. Alle Teilnehmer nehmen

Tab. 10.7 Methode der sechs Denkhüte – Perspektiven und Eigenschaften der Hüte

Hut bzw. Perspektive	Eigenschaften der Rolle
Weißer Hut: Analytisches Denken (Fakten)	Steuert neutrale Daten, Zahlen, Fakten und Informationen bei; ohne Emotion, Wertung
Roter Hut: Emotionales Denken (Gefühle)	Äußert persönliche Meinungen und Gefühle, Intuition
Schwarzer Hut: Kritisches Denken (Risiken)	Äußert als Kritiker Bedenken, betont mögliche Schwierigkeiten und Hindernisse, „sieht schwarz"
Gelber Hut: Optimistisches Denken (Chancen)	Agiert positiv und konstruktiv, ist von Optimismus erfüllt und denkt in Chancen
Grüner Hut: Kreatives Denken (Ideen)	Entwickelt neue Ideen, denkt über den „Tellerrand" hinaus und bringt Denk-Impulse ein
Blauer Hut: Ordnendes Denken (Prozesse)	Organisation und Steuerung des Diskussionsprozesses, strukturiert und fasst als Moderator Ergebnisse zusammen

eine durch ihre Hutfarbe definierte Rolle bzw. Sichtweise ein, vgl. Tab. 10.7. Die Hüte lassen sich alternativ durch farbige Karten, auf denen die Eigenschaften der einzunehmenden Rolle notiert sind, ersetzen.

Der Moderator erläutert als Startpunkt die zu bewertende Geschäftsmodell-Idee und die Regeln. Allen Teilnehmern wird pro Runde eine Hutfarbe zugeteilt, aus deren Blickwinkel sie zu diskutieren haben. Üblicherweise beginnt der weiße Hut, um den Diskurs mit neutralen Fakten und Informationen zu starten. Die Teilnehmer formulieren nacheinander eine Aussage bzw. Gedanken zur Geschäftsmodell-Idee im Sinne von „Wenn ich für einen Moment den [Farbe] Hut aufsetze, würde ich sagen, dass …". Die Aussagen werden schriftlich auf einem Flipchart oder mit Karten an einer Pinnwand gesammelt. Als Ergebnis wird nach mehreren Runden mit wechselnden Hutfarben je Teilnehmer ein ausgewogenes Meinungsbild erzielt [16].

Das Geschäftsmodell wird gezielt und systematisch aus unterschiedlichen Perspektiven betrachtet. Dabei werden Konflikte vermieden, weil die Teilnehmer beim Diskurs strikt aus der durch die Hutfarbe vorgegebenen Perspektive, die nicht zwangsläufig ihre persönliche Meinung widerspiegelt, argumentieren. Einzelne Teilnehmer müssen eventuell kontroverse Standpunkte nicht rechtfertigen, da sie sich auf die temporäre Rolle berufen. Eine einseitige Betrachtung der Geschäftsmodell-Idee und das Phänomen des Groupthink werden verhindert, da verschiedene Teilnehmer bzw. Hüte jeweils unterschiedliche Sichtweisen einbringen. Groupthink bezeichnet das Anpassen der eigenen Meinung an eine vermutete Gruppenmeinung.

Checklisten zur Ideenbewertung

Mithilfe von Check- bzw. Prüflisten lassen sich verschiedene Bewertungskriterien zusammenstellen, die für die Beurteilung der Ideen aus Unternehmenssicht von grundlegender Bedeutung sind Abb. 10.7 und 10.8 bieten illustrative Beispiele für eine **Innovations- und Strategie-Fit-Checkliste**. Die Inhalte basieren sowohl auf dem vorgenannten

Bezeichnung der Idee	...	
Beschreibung / Kundennutzen	...	
Umsetzbarkeit ☐ leicht ☑ mittel ☐ schwierig	**Stärken**	**Chancen / Nutzen**
Marktpotenzial ☑ hoch ☐ mittel ☐ niedrig	• ... • ... • ...	• ... • ... • ...
Investitionen ☐ niedrig ☐ mittel ☑ hoch	**Schwächen**	**Risiken**
Gesamtbeurteilung ☑ Sehr gute Idee ☐ Gute idee ☐ Verwerfen	• ... • ... • ...	• ... • ... • ...
Fazit / Empfehlung	...	

Abb. 10.7 Beispiel einer Innovationscheckliste zur Ideenbewertung

Die Innovation ...	Zutreffend					
	Nicht	Wenig	Teilweise	Wesentlich	Vollständig	Bemerkungen
...hilft uns, unsere **Vision** umzusetzen	✓					
...hilft uns, unsere **Unternehmensziele** zu erreichen			✓			
...unterstützt unsere **Marktpositionierungsziele**		✓				
...entspricht unserer **Technologiestrategie**				✓		
...erfüllt die Anforderungen der **Produktions- und Logistikstrategie**					✓	
...verschafft uns **Wettbewerbsvorteile**		✓				
...baut auf unseren bestehenden **Kernkompetenzen** auf			✓			

Abb. 10.8 Beispiel einer Strategie-Fit Checkliste zur Ideenbewertung

Kriterienkatalog, der aus Unternehmenssicht gewichtete Beurteilungskriterien umfasst, als auch auf Erfahrungen, die in der Vergangenheit gesammelt wurden. Bei den zu bewertenden Merkmalen sollte zwischen sogenannten Muss- und Kann-Kriterien unterschieden werden. **Muss-Kriterien** sind Merkmale, die eine Idee zwingend aufweisen muss, um weiter untersucht zu werden. Darunter fallen auch K.-o.-Kriterien wie etwa die Realisierbarkeit der Idee, die Vereinbarkeit mit dem Leitbild des Unternehmens oder die Übereinstimmung mit den gesetzlichen Rahmenbedingungen. **Kann-Kriterien** müssen nicht zwingend von einer Idee erfüllt werden, erhöhen aber die Attraktivität der Idee im Vergleich zu den Alternativen [7].

2×2 Matrix zur Ideenbewertung

Die 2×2 Matrix bietet einen visuellen Überblick über die Qualität der Ideen anhand von zwei Kriterien. Damit ist es möglich, eine größere Menge an Ideen zu bewerten und die zu beurteilende Menge an Ideen für die nachfolgende quantitative Analyse weiter zu reduzieren [11].

Zunächst wird eine Vierfelder-Matrix analog zu Abb. 10.9 auf ein Flipchart oder ein Whiteboard gezeichnet. Für die beiden Achsen sind zwei Kriterien zu bestimmen, anhand derer die Ideen zu bewerten sind. Die Bedeutung eines Kriteriums sollte möglichst eindeutig sein und nur einen inhaltlichen Aspekt abbilden. Entscheidend für die Qualität der Bewertung ist die Auswahl der Kriterien als Bewertungsmaßstab. Diese sollten im Einklang mit den strategischen Zielen des Unternehmens bzw. priorisierten Zielen des vorgenannten Kriterienkatalogs stehen. Typische Kriterien sind beispielsweise Umsatzpotenzial, Wirtschaftlichkeit, Implementierungsaufwand, Investitionsrisiko, Marktrisiko, Strategie-Fit, Differenzierungspotenzial vom Wettbewerb, Ressourcenverfügbarkeit oder Technologiebeherrschbarkeit. Für die Beurteilung von Implementierungsaufwand und -risiken kann beispielsweise das Kompetenzprofil aus dem Schritt 1 „Vorbereitung und Analyse" verwendet werden, um die Kosten für den Aufbau interner Fähigkeiten oder neuer Wertschöpfungspartnerschaften abzuschätzen. Im Bewertungsprozess sollten unterschiedliche Kombinationen der Bewertungskriterien der Achsen diskutiert werden, um Veränderungen der Beurteilung zu analysieren: Ändert sich die Rangfolge der Ideen?

Für jedes Kriterium sind auf den Achsen zwei Stufen dargestellt: Schwache versus starke Merkmalsausprägung. Jede Idee wird auf Basis einer Gruppendiskussion auf der Matrix eingeordnet. Da keine Skalierung außer den vorgenannten Merkmalsausprägungen vorliegt, ist die Positionierung das Ergebnis der qualitativen Diskussion der Teilnehmer. Dabei ist insbesondere ein Augenmerk auf die Relation der Positionierung der Ideen untereinanderzulegen. Im Beispiel der Abb. 10.9 sollten insbesondere die Ideen weiterverfolgt werden, die einen hohen Nutzen versprechen und bei relativ geringem Ressourceneinsatz umsetzbar sind.

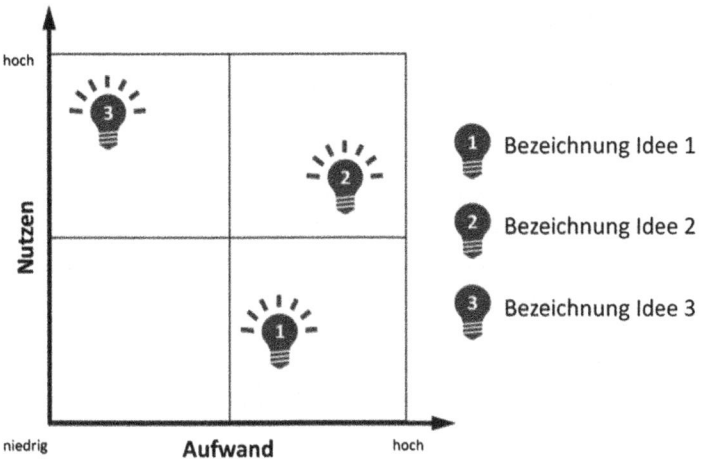

Abb. 10.9 Beispiel einer 2 × 2-Matrix zur Ideenbewertung

Paarvergleich zur Ideenbewertung

Paarvergleiche sind hilfreich, um das Suchfeld durch schrittweises Filtern einzugrenzen und einen Konsens in der Gruppe herzustellen. Für einen Paarvergleich sollten sich die Ideen inhaltlich nicht überschneiden und voneinander unabhängig sein. Anhand einer Matrix wie im Beispiel der Abb. 10.10 wird jede Idee jeweils paarweise mit allen anderen Ideen verglichen. Der „Gewinner" im Sinne einer besseren Erfüllung der relevanten Bewertungskriterien wird im rechten Bereich der Matrix vermerkt. Im Beispiel ist die Idee 2 der Idee 1 vorzuziehen. Das Ranking der Ideen wird ermittelt, indem die Anzahl der „Gewinne" der Paarvergleiche gezählt werden. Im Beispiel ist die Idee 2 am höchsten zu priorisieren. Sollte sich ein Gleichstand zweier Ideen ergeben, so ist die Rangfolge im direkten Vergleich der beiden Ideen zu ermitteln. Die Eigenschaften der alternativen Ideen werden dabei summarisch betrachtet. Der direkte Vergleich fördert eine intensive Auseinandersetzung der Teilnehmer mit den Ideen [8, 11].

Abb. 10.10 Paarvergleich zur
Rangfolgebildung von Ideen

1	Idee 1
2	Idee 2
3	Idee 3
4	Idee 4

Idee	1	2	3	4
Anzahl „Gewinne"	1	3	2	0

Nutzwertanalyse zur Ideenbewertung

Bei der Nutzwertanalyse, auch bekannt als Scoring- oder Punktbewertungsmodell, wird eine größere Anzahl von Ideen mit mehreren Kriterien bewertet und entsprechend der Präferenzen der Beurteilenden in einer Rangfolge angeordnet, vgl. Tab. 10.8. Die Priorisierung erfolgt mittels der für jede Idee bestimmten Nutzwerte. Die Methode kann ein mehrdimensionales Zielsystem abbilden, das sich aus qualitativen und quantitativen Kriterien mit unterschiedlicher Gewichtung zusammensetzt [17]. Die Vergleichbarkeit der verschiedenen Bewertungskriterien wird über die Transformation der Merkmalsausprägungen in dimensionslose Punktwerte erzielt. Dadurch lassen sich Zielkriterien technischer, wirtschaftlicher oder ökologischer Natur einbeziehen [8].

Für die Nutzwertanalyse wird eine Matrix aufgestellt, über die sich die Zielbeiträge je Idee ermitteln lassen. Dafür werden in den Zeilen die Bewertungskriterien und in den Spalten die unterschiedlichen Ideen abgebildet. Das Gesamtziel „Erfolg der Geschäftsmodell-Innovation" wird in einzelne Unterziele zerlegt, welche zeilenweise als Bewertungskriterien dienen. Im Beispiel in Tab. 10.8 der Fit zum aktuellen Kompetenzprofil, Fit zu strategischen Zielen etc. Im nächsten Schritt werden diese Kriterien nach ihrer Bedeutung für das Unternehmen gewichtet, um die Präferenzordnung zwischen den Unterzielen abzubilden. Wichtige Ziele erhalten eine hohe Gewichtung, im Beispiel das Kriterium „Fit zum Kompetenzprofil" mit dem Gewicht 0,5, das 50 % der Gesamtzielsetzung repräsentiert. Untergeordnete Kriterien werden entsprechend niedriger gewichtet, beispielsweise das Kriterium „Risiko" mit einem Gewicht von 0,05. Die Summe der Gewichte muss in Summe 1 bzw. 100 % ergeben.

Die Vergabe eines Punktwerts für eine Idee je Bewertungskriterium erfolgt auf Basis der subjektiven Einschätzung der Gruppe. Bei der Verwendung einer Hunderter-Skala repräsentiert der Punktwert 80 für das Kriterium Investitionsvolumen bei Idee A einen hohen Erfüllungsgrad. Demgegenüber bedeutet der Punktwert 25 beim Kriterium Wettbewerbsvorteil ein geringes Differenzierungspotenzial gegenüber der Konkurrenz. Im letzten Schritt werden die Punktwerte mit den Gewichten je Kriterium multipliziert und

Tab. 10.8 Beispiel einer Nutzwertanalyse zur Ideenbewertung

Bewertungskriterien	Gewichtung	Idee A		Idee B		Idee C	
		Punkte	Bewertung	Punkte	Bewertung	Punkte	Bewertung
Fit zum aktuellen Kompetenzprofil	0,5 = 50 %	70	35	10	5	50	25
Fit zu strategischen Zielen	0,3	60	18	60	18	70	21
Wettbewerbsvorteil	0,1	25	3	10	1	40	4
Investitionsvolumen	0,05	80	4	75	4	60	3
Risiko	0,05	45	2	20	1	80	4
SUMME	**1**		**62**		**29**		**57**

dadurch in Nutzwerte überführt. Die spaltenweise Addition der Nutzwerte je Idee ergibt den Gesamtnutzwert je Alternative. Am vorteilhaftesten ist die Idee mit dem höchsten Gesamtnutzwert.

Im Beispiel liegen die Gesamtnutzwerte der Ideen A und B allerdings nur wenige Punkte auseinander, sodass die ermittelte Rangfolge kritisch zu hinterfragen ist. Es ist empfehlenswert, die Stabilität der Ergebnisse mit einer sogenannten **Sensitivitätsanalyse** zu prüfen. Dabei werden beispielsweise Gewichtungen solcher Kriterien verändert, bei denen stark abweichende Auffassungen innerhalb der Gruppe aufgetreten sind oder für die Bewertungspunkte weit auseinander liegen. Die Sensitivitätsanalyse zeigt, ob bei Veränderungen in einzelnen Kriterien eine Stabilität der Ergebnisse gegeben ist, bzw. ob die präferierte Idee die erste Priorität in der Rangfolge behält [18].

Die Nutzwertanalyse ist einfach und systematisch. Durch die Bewertung seitens der Workshop-Teilnehmer als Gruppe erhöhen sich zwar die Objektivität und die Akzeptanz [17]. Allerdings sind sowohl der Grad an Subjektivität als auch der Aufwand hoch. Bei Bewertungen qualitativer Kriterien kann es sinnvoll sein, externe Experten und Kunden einzubinden, um subjektive Einschätzungen aus Unternehmenssicht zu vermeiden.

10.4.3 Quantitative Methoden der Ideenbewertung

Neben den vorgestellten qualitativen Methoden, die sich als Moderationswerkzeuge in Workshops eignen, lassen sich ebenso quantitative Ansätze wie etwa Analytic Hierarchy Process (AHP) [19] oder multivariate Verfahren der Statistik wie beispielsweise die Multidimensionale Skalierung (MDS) [20] und die Conjoint-Analyse [21] für die Ideenbewertung nutzen.

Die Ideen für eine Geschäftsmodell-Innovation sind im Hinblick auf ihre möglichen monetären Wirkungen auf die Erlös- und Kostensituation des Unternehmens zu bewerten. Für eine quantitative Analyse der Wirtschaftlichkeit lassen sich statische (kalkulatorische) und dynamische (finanzmathematische) Verfahren einsetzen. Statische Verfahren basieren auf Durchschnittswerten. Beispiele sind Kosten- und Gewinnvergleichsrechnung sowie Rentabilitäts- und Amortisationsrechnung. Dynamische Verfahren berücksichtigen die unterschiedlichen Zahlungszeitpunkte über die Nutzungsdauer einer Investition. Beispiele sind die Kapitalwert- und Annuitätenmethode oder die Interne Zinsfuß-Methode. Für eine detaillierte Beschreibung dieser Methoden zum Vergleich verschiedener Investitionsalternativen sei auf die einschlägige Literatur verwiesen.

10.4.4 Zusammenfassung Schritt 3: Ideenbewertung

Bei der Ideenbewertung am zweiten Workshop-Tag werden aus der Vielzahl alternativer Einfälle die Erfolg versprechenden Ideen für die Konzepterstellung selektiert. Dafür werden die Ideen in einem zweistufigen Filterprozess zunächst mithilfe qualitativer

Werkzeuge beurteilt, beispielsweise mit der Methode der sechs Denkhüte, Checklisten, der 2×2-Matrix, dem Paarvergleich und der Nutzwertanalyse. Danach werden die vorselektierten Ideen mit quantitativen Methoden wie Wirtschaftlichkeitsberechnungen weiter evaluiert.

Die Ergebnisse der Ideenbewertung sollten als aktueller Arbeitsstand an die relevanten Führungskräfte und Entscheider kommuniziert werden, um sie als Förderer für den weiteren Projektverlauf zu gewinnen und spätere Entscheidungen frühzeitig vorzubereiten. Dies kann beispielsweise erfolgen, indem erste Skizzen einer Geschäftsmodell-Innovation mithilfe des NABC-Ansatzes vorgestellt werden. Die als tragfähig erachteten Ideen werden am zweiten Workshop-Tag in Kleingruppen zu Konzepten für Geschäftsmodelle weiterentwickelt.

10.5   Schritt 4: Konzepterstellung

10.5.1 Ziele und Inhalte

Im Rahmen der Konzepterstellung sind die im vorherigen Schritt ausgewählten Geschäftsmodell-Ideen (oder die Idee) inhaltlich so weit auszuarbeiten, dass diese den Entscheidungsträgern zur Genehmigung vorgelegt und im Rahmen von Umsetzungsprojekten realisiert werden können. Die Herausforderung liegt vor allem darin, die nicht greifbaren Ideen auf realisierbare Umsetzungsschritte zu reduzieren, deren Nutzen für das eigene Unternehmen konkret und auch monetär bezifferbar ist.

10.5.2 Methoden zur Konzepterstellung

Ein Geschäftsmodell beschreibt das Grundprinzip, wie ein Unternehmen Werte für seine Kunden schafft und Erträge generiert. Dieses basiert auf den vier Kernelementen Zielkunden, Nutzenversprechen, Wertschöpfungskette und Ertragsmechanik. Auf Basis dieser vier Elemente „Wer-Was-Wie-Wert" lassen sich Geschäftsmodelle konkretisieren und veranschaulichen [4, 5].

> **Konkretisierung von Geschäftsmodellen**
> **WER** sind die Zielkunden?
> **WAS** bietet das Unternehmen den Kunden als Nutzenversprechen an?
> **WIE** erstellt das Unternehmen die Leistung?
> Wie wird **Wert** erzielt bzw. Umsatz generiert?

Bei der Erstellung eines Konzepts für ein neues Geschäftsmodell ist sowohl das Zusammenspiel der Elemente Wer-Was-Wie-Wert untereinander herauszuarbeiten als

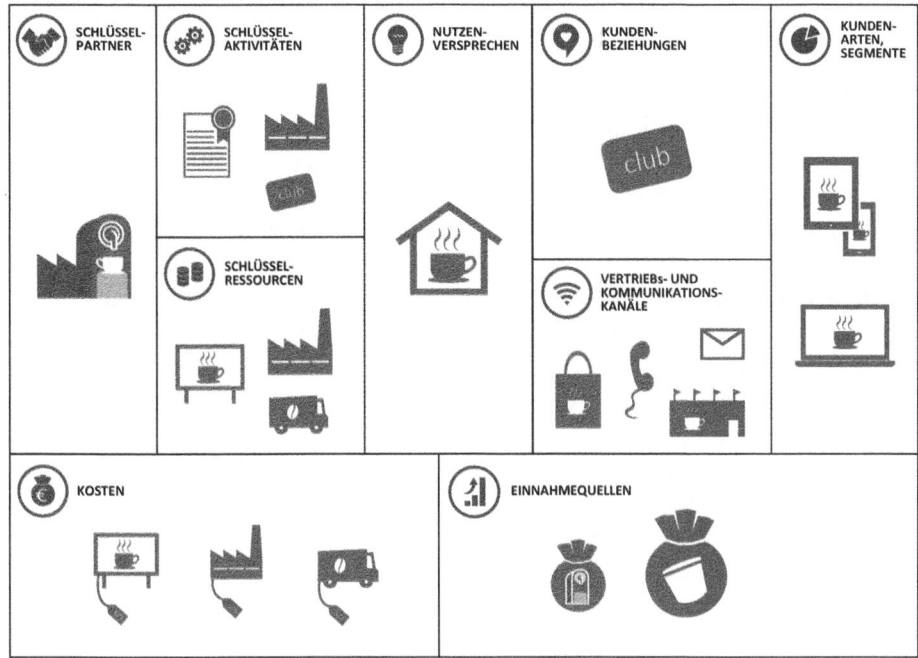

Abb. 10.11 Business Model Canvas am Beispiel des Geschäftsmodells von Nespresso. In Anlehnung an Osterwalder und Pigneur (2011) [4]

auch der Fit zum Unternehmen und seiner Strategie darzustellen. Außerdem ist die Ausrichtung des Geschäftsmodells auf die aktuellen Bedürfnisse der Kunden und zukünftige Entwicklungen wie Trends und sich ändernde Marktbedingungen zu erläutern. Zur Konzeptionierung des Geschäftsmodells dienen die Leitfragen aus Schritt „Vorbereitung und Analyse", die die Kernelemente „Wer-Was-Wie-Wert" beschreiben, vgl. Tab. 10.3. Alternativ lässt sich die Methode des Business Model Canvas anwenden.

Business Model Canvas zur Konzepterstellung
Die Business Model Canvas ist eine bewährte Methode, um Geschäftsmodelle systematisch darzustellen. Als Werkzeug dient sie zum Beschreiben, Entwickeln, Präsentieren, Diskutieren und Vergleichen neuer und bestehender Geschäftsmodelle [11]. Die in Abb. 10.11 abgebildete Canvas (engl. Leinwand) bietet eine Struktur für die Konzepterstellung, in der die folgenden neun wichtigsten Schlüsselfaktoren eines Geschäftsmodells als skalierbarer Baukasten abgebildet werden [4]:

1. **Kundenarten:** Wer sind die wichtigsten Zielgruppen bzw. welche Kundensegmente mit welchen Bedürfnissen werden bedient?
2. **Nutzenversprechen (Value Proposition):** Welches Kundenbedürfnis wird erfüllt oder welches Kundenproblem wird über die angebotenen Produkte oder Dienstleistungen

gelöst? Welche Merkmale muss das Leistungsangebot erfüllen, um einen Nutzen bzw. Mehrwert für den Kunden zu bieten?

3. **Vertriebs- und Kommunikationskanäle:** Wie erfahren die Kunden vom Leistungs-angebot und wie erhalten sie es?
4. **Kundenbeziehungen:** Wie werden Kunden gewonnen und Kundenbeziehungen weiterentwickelt? Ist die Kundenbeziehung persönlich oder automatisiert gestaltet?
5. **Einnahmequellen:** Wie werden Erlöse erzeugt bzw. für welche Wertangebote sind Kunden bereit zu zahlen?
6. **Schlüssel-Ressourcen:** Welche Ressourcen wie beispielsweise Personal, Finanz-mittel oder IT-Systeme erfordern unsere Leistungsangebote, Distributionskanäle und Kundenbeziehungen?
7. **Schlüssel-Aktivitäten:** Was sind die zentralen Tätigkeiten, um das Nutzenver-sprechen bzw. das Leistungsangebot an den Kunden zu erzeugen?
8. **Schlüssel-Partner:** Wer sind die wichtigsten Partner, beispielsweise für Leistungser-stellung und Vertrieb und welche Schlüsselaktivitäten führen sie aus?
9. **Kosten:** Welche Kosten sind mit dem Geschäftsmodell verbunden, insbesondere im Hinblick auf Schlüsselressourcen, -aktivitäten und -partner.

Der vorgenannte Ansatz des Wer-Was-Wie-Wert zur Beschreibung eines Geschäfts-modells lässt sich in die Business Model Canvas überführen. Das **Nutzenversprechen** („Was?") bildet den Kern des Geschäftsmodells. Das **Wertschöpfungsmodell** („Wie?") umfasst die Schlüsselpartner, -aktivitäten und -ressourcen. Das **Kundenmodell** („Wer?") beschreibt die Kundensegmente, die Kundenbeziehungen und die Distributionskanäle. Das **Finanzmodell** skizziert das Ertrags- und Kostenmodell („Wert?"). Die linke Lein-wandhälfte repräsentiert Aspekte der Effizienz, die rechte Leinwandhälfte Aspekte des Werts.

Das Zusammenspiel der Elemente verdeutlicht das Beispiel des Kaffeeanbieters Nestlé mit seinem Geschäftsmodell für das Vertriebssystem Nespresso in Abb. 10.11. Statt aus-schließlich löslichen Pulverkaffee unter der Marke Nescafé zu vertreiben, wurde das Geschäftsmodell um das Muster „Razor and Blade" (engl. für Rasierer und Klinge, sinn-gemäß „Köder und Haken") erweitert (vgl. Tab. 4.2). Bei diesem Geschäftsmodellmuster wird ein Produkt besonders günstig angeboten, um den Kunden an das Unternehmen zu binden. In diesem Fall ist dies die Kaffeemaschine, die einmalig vom Kunden beschafft wird. Der Ertrag wird vor allem mit dem Verkauf von Roh- oder Betriebsstoffen (Ver-brauchsmaterial), die mit einer relativ großen Gewinnmarge vertrieben werden, erwirt-schaftet. Im Fallbeispiel sind dies die Nespresso-Kapseln, die das Kaffeepulver enthalten und nur zu den vorgenannten Kaffeemaschinen kompatibel sind. Bis ins Jahr 2015 hielt Nestlé ein Patent, um sicherzustellen, dass ausschließlich Nespresso-Kapseln von den Kaffeemaschinen verarbeitet werden konnten. Der Vertrieb der im Marktvergleich teu-ren Kapseln an zahlungskräftige Kunden erfolgte ausschließlich über Nestlé, beispiels-weise per E-Mail, Callcenter, der Online-Plattform Nespresso.com oder den stationären Nespresso-Ladengeschäften. Die technische Inkompatibilität der Maschine zu Kapseln alternativer Anbieter führt über den sogenannten Lock-in-Effekt („Einsperr-Effekt") zu einer sehr hohen Kundenbindung, in diesem Fall bedingt durch die hohen Wechselbarrieren des Kaufs einer neuen Kaffeemaschine und der Bequemlichkeit bzw. der Verringerung des Zeitbedarfs für Kaffeeauswahl und -kauf. Das Unternehmen hat seine Gewinne vor allem über die hohen Margen des Kapselverkaufs realisiert [5].

Vor der Konzepterstellung für die eigene Geschäftsmodell-Idee sollten der Aufbau und die Inhalte der Canvas den Teilnehmer an Hand eines Beispiels wie etwa in Abb. 10.11 erläutert werden. Für den Workshop sind die neun Felder der Business Model Canvas auf einem Papierbogen im Format DIN A0 als Schablone vorzubereiten. In jedem Feld ist einer der neun Schlüsselfaktoren mit Inhalt bzw. „Leben" zu füllen [4]. Anhaltspunkte für die je Element zu erarbeitenden Inhalte bieten die Fragestellungen in Abb. 10.12. Dabei hat es sich bewährt, die Ideen und Stichworte in einem ersten Durchgang auf Moderationskarten oder Klebezetteln zu notieren, um das Gesamtkonzept iterativ erarbeiten zu können. So lassen sich Veränderungen leicht berücksichtigen und das Zusammenspiel der Schlüsselfaktoren neu aufeinander abstimmen.

Die Business Model Canvas stellt miteinander verknüpfte Bereiche des Geschäftsmodells strukturiert in einem Schema dar. Bei der Erarbeitung der einzelnen Bereiche gibt es keinen einzig richtigen Weg. Jedoch lassen sich **Hinweise zum Startpunkt** geben. Bei einer innovativen Idee mit vielen Freiheitsgraden bei der Ausgestaltung sollte die Erarbeitung beim Nutzenversprechen starten. Handelt es sich hingegen um die Weiterentwicklung eines bestehenden Geschäftsmodellmusters, so sollten zu Beginn die gegebenen Rahmenbedingungen eingetragen werden. Danach lassen sich sukzessiv Element für Element Schwachstellen und Chancen suchen, um Ansatzpunkte zur Weiterentwicklung zu identifizieren.

Eine Stärke des Business Model Canvas ist die universelle Einsatzfähigkeit von der ersten Ideenskizze bis zum detailliert beschriebenen Geschäftsmodell. Über die Baukasten-Struktur der neun Schlüsselfaktoren lassen sich Elemente des Geschäftsmodells evolutionär in mehreren Durchgängen miteinander in Beziehung setzen, bis ein marktfähiges Geschäftsmodell definiert ist. Die klar strukturierte Darstellungsform schärft den Blick für das Wesentliche. Abhängigkeiten und Konflikte zwischen Elementen sind einfach ersichtlich. Verschiedene Geschäftsmodell-Ideen lassen sich schnell auf Basis ihrer Business Model Canvases miteinander vergleichen und eventuell miteinander kombinieren.

Jedoch ersetzt die Business Model Canvas keinen umfassenden und detaillierten Business Plan. Zwar finden sich die neun Schlüsselfaktoren auch in zahlreichen Vorlagen für Businesspläne wieder. Allerdings wird der Bereich der Finanzen, insbesondere die Rentabilitätsprognose und Kapitalbedarfs-, Liquiditäts- und Finanzierungsplanung nicht umfassend betrachtet. Ebenso fehlt eine Wettbewerbsanalyse. Beide Elemente sind im Nachgang zu ergänzen bzw. die Wettbewerbsanalyse aus dem ersten Schritt des Leitfadens zu referenzieren. Trotzdem bietet die Methode einen sinnvollen Einstieg in die Konzepterstellung: Statt sich in Details zu verlieren, sehen die Teilnehmer auf einen Blick, ob alle zentralen Faktoren berücksichtigt wurden, das Zusammenspiel zwischen den Elementen funktionieren kann oder wo es noch Lücken oder Schwachstellen gibt.

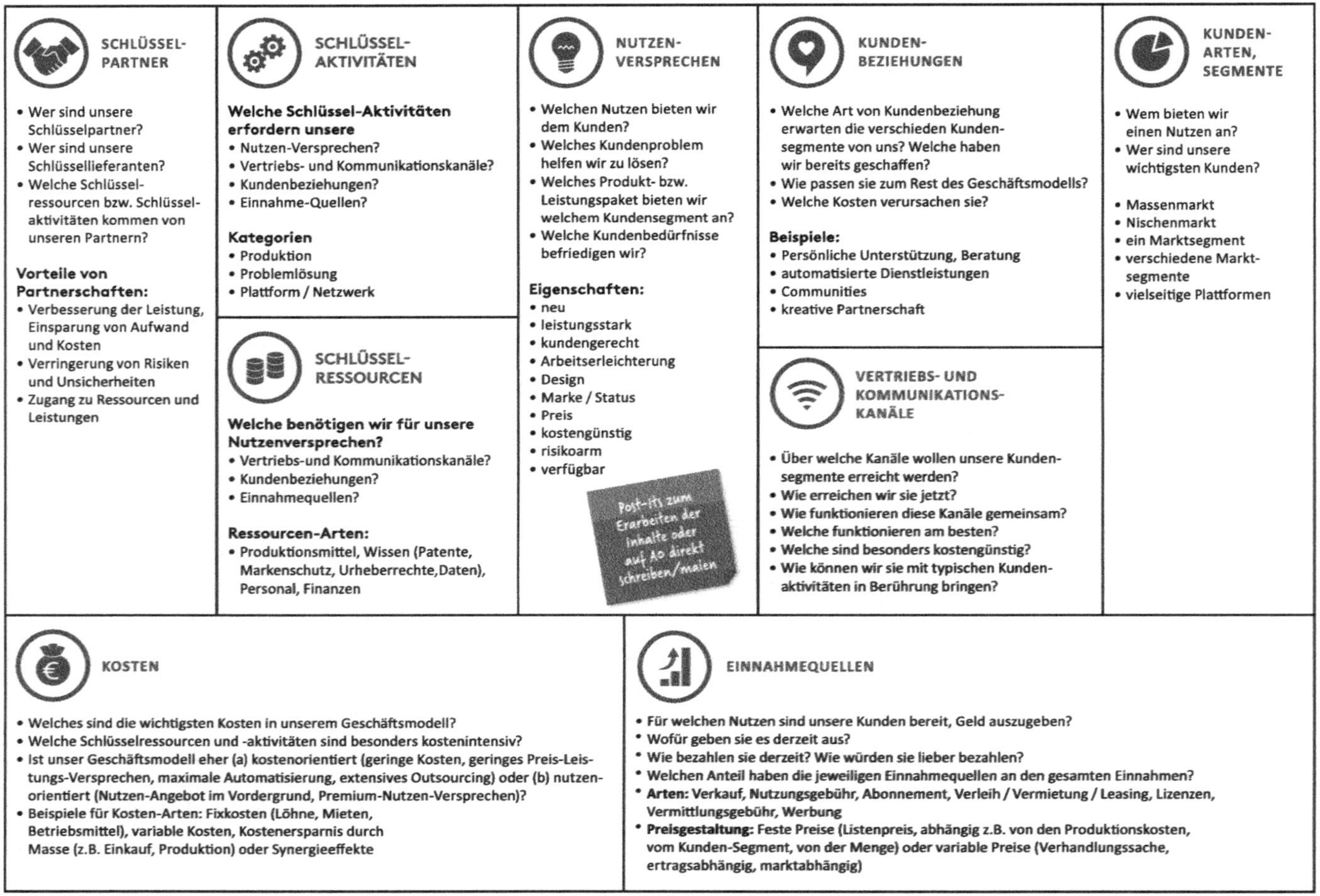

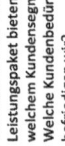

SCHLÜSSEL-PARTNER
• Wer sind unsere Schlüsselpartner?
• Wer sind unsere Schlüssellieferanten?
• Welche Schlüsselressourcen bzw. Schlüsselaktivitäten kommen von unseren Partnern?

Vorteile von Partnerschaften:
• Verbesserung der Leistung, Einsparung von Aufwand und Kosten
• Verringerung von Risiken und Unsicherheiten
• Zugang zu Ressourcen und Leistungen

SCHLÜSSEL-AKTIVITÄTEN
Welche Schlüssel-Aktivitäten erfordern unsere
• Nutzen-Versprechen?
• Vertriebs- und Kommunikationskanäle?
• Kundenbeziehungen?
• Einnahme-Quellen?

Kategorien
• Produktion
• Problemlösung
• Plattform / Netzwerk

SCHLÜSSEL-RESSOURCEN
Welche benötigen wir für unsere Nutzenversprechen?
• Vertriebs-und Kommunikationskanäle?
• Kundenbeziehungen?
• Einnahmequellen?

Ressourcen-Arten:
• Produktionsmittel, Wissen (Patente, Markenschutz, Urheberrechte, Daten), Personal, Finanzen

NUTZEN-VERSPRECHEN
• Welchen Nutzen bieten wir dem Kunden?
• Welches Kundenproblem helfen wir zu lösen?
• Welches Produkt- bzw. Leistungspaket bieten wir welchem Kundensegment an?
• Welche Kundenbedürfnisse befriedigen wir?

Eigenschaften:
• neu
• leistungsstark
• kundengerecht
• Arbeitserleichterung
• Design
• Marke / Status
• Preis
• kostengünstig
• risikoarm
• verfügbar

Post-it's zum Erarbeiten der Inhalte oder direkt auf … schreiben/malen

KUNDEN-BEZIEHUNGEN
• Welche Art von Kundenbeziehung erwarten die verschieden Kundensegmente von uns? Welche haben wir bereits geschaffen?
• Wie passen sie zum Rest des Geschäftsmodells?
• Welche Kosten verursachen sie?

Beispiele:
• Persönliche Unterstützung, Beratung
• automatisierte Dienstleistungen
• Communities
• kreative Partnerschaft

VERTRIEBS- UND KOMMUNIKATIONS-KANÄLE
• Über welche Kanäle wollen unsere Kundensegmente erreicht werden?
• Wie erreichen wir sie jetzt?
• Welche funktionieren diese Kanäle gemeinsam?
• Welche funktionieren am besten?
• Welche sind besonders kostengünstig?
• Wie können wir sie mit typischen Kundenaktivitäten in Berührung bringen?

KUNDEN-ARTEN, SEGMENTE
• Wem bieten wir einen Nutzen an?
• Wer sind unsere wichtigsten Kunden?
• Massenmarkt
• Nischenmarkt
• ein Marktsegment
• verschiedene Marktsegmente
• vielseitige Plattformen

KOSTEN
• Welches sind die wichtigsten Kosten in unserem Geschäftsmodell?
• Welche Schlüsselressourcen und -aktivitäten sind besonders kostenintensiv?
• Ist unser Geschäftsmodell eher (a) kostenorientiert (geringe Kosten, geringes Preis-Leistungs-Versprechen, maximale Automatisierung, extensives Outsourcing) oder (b) nutzenorientiert (Nutzen-Angebot im Vordergrund, Premium-Nutzen-Versprechen)?
• Beispiele für Kosten-Arten: Fixkosten (Löhne, Mieten, Betriebsmittel), variable Kosten, Kostenersparnis durch Masse (z.B. Einkauf, Produktion) oder Synergieeffekte

EINNAHMEQUELLEN
• Für welchen Nutzen sind unsere Kunden bereit, Geld auszugeben?
• Wofür geben sie es derzeit aus?
• Wie bezahlen sie es derzeit? Wie würden sie lieber bezahlen?
• Welchen Anteil haben die jeweiligen Einnahmequellen an den gesamten Einnahmen?
• Arten: Verkauf, Nutzungsgebühr, Abonnement, Verleih / Vermietung / Leasing, Lizenzen, Vermittlungsgebühr, Werbung
• Preisgestaltung: Feste Preise (Listenpreis, abhängig z.B. von den Produktionskosten, vom Kunden-Segment, von der Menge) oder variable Preise (Verhandlungssache, ertragsabhängig, marktabhängig)

Abb. 10.12 Business Model Canvas mit Fragestellungen je Element. In Anlehnung an Existenzgründerportal: Bundesministerium für Wirtschaft und Energie. (www.existenzgruender.de [23])

10.5.3 Zusammenfassung Schritt 4: Konzepterstellung

Bei der Konzepterstellung am zweiten Workshop-Tag sind die bei der Ideenbewertung ausgewählten Geschäftsmodell-Ideen inhaltlich so weit auszuarbeiten, dass diese den Entscheidungsträgern zur Genehmigung vorgelegt und im Rahmen von Umsetzungsprojekten realisiert werden können. Insbesondere sind die vier Kernelemente „Wer-Was-Wie-Wert" des Geschäftsmodells zu konkretisieren: Wer sind die Zielkunden? Was bietet das Unternehmen den Kunden als Nutzenversprechen an? Wie erstellt das Unternehmen die Leistung? Wie wird Wert erzielt und Umsatz generiert? Für die Konzepterstellung bietet die Business Model Canvas eine Struktur als skalierbaren Baukasten, in der die neun Schlüsselfaktoren eines Geschäftsmodells abgebildet werden. Die Business Model Canvas ist durch eine Wettbewerbsanalyse und eine detaillierte Finanzplanung zu ergänzen. Nach der konzeptionellen Ausarbeitung der Geschäftsmodell-Idee im Rahmen des Workshops und der Genehmigung eines Umsetzungsprojekts durch die Entscheidungsträger erfolgt die Umsetzung.

10.6 Schritt 5: Umsetzung

10.6.1 Ziele und Inhalte

Das Ziel ist zum einen die Umsetzung des in Schritt 4 erarbeiteten Konzepts in ein marktfähiges und wirtschaftlich erfolgreiches Geschäftsmodell. Zum anderen sind die organisatorischen Rahmenbedingungen für den operativen Betrieb des Geschäftsmodells zu gestalten.

> „Eine Idee muss Wirklichkeit werden können, oder sie ist eine eitle Seifenblase"
> – Berthold Auerbach.

Für die Implementierung wird von einem sogenannten Big-Bang-Ansatz abgeraten, bei dem das neue Geschäftsmodell vollständig realisiert und zu einem bestimmten Zeitpunkt vollumfänglich in den operativen Betrieb überführt wird [5]. Ein solches Vorgehen birgt große Risiken im Hinblick auf die Marktfähigkeit und die langfristige Wirtschaftlichkeit. Vielmehr sollte das theoretische Konzept in Prototypen überführt werden, um das Geschäftsmodell testen und weiterentwickeln zu können [15]. Ein Prototyp-Ansatz begrenzt das Risiko eines Misserfolgs und ermöglicht iteratives Lernen. Dabei lässt sich das Vorgehen des Design Thinking nutzen.

Der Schritt der Umsetzung geht über die erstmalige Implementierung des Konzepts in der Praxis hinaus. Er umfasst ebenso die fortlaufende Bewertung des Geschäftsmodells und das Überprüfen des dynamischen Umfelds, sowohl im Hinblick auf die Akteure des Geschäftsökosystems als auch technologische, gesetzliche, makroökonomische, kulturelle und gesellschaftliche Trends. Dafür sind organisatorische Strukturen und Prozesse zu schaffen, um das Geschäftsmodell kontinuierlich zu überwachen, zu bewerten und auf Basis der Marktreaktionen anzupassen.

10.6.2 Methoden zur Umsetzung

Der Schritt der Umsetzung dient dazu, die Konzepte des vorherigen Schritts in Prototypen des Geschäftsmodells umzuwandeln, diese zu testen und bis zur Markteinführung weiterzuentwickeln. Dafür wird im Folgenden zunächst der **Design-Thinking-Prozess (I)** vorgestellt. Außerdem sind die **organisatorischen Rahmenbedingungen für den operativen Betrieb (II)** des Geschäftsmodells aufzubauen. Abschließend werden ausgewählte **Erfolgsfaktoren für die Umsetzung (III)** erläutert.

I. Design Thinking

Design Thinking ist eine Methode zum Hervorbringen von Innovationen, die in einem iterativen Prozess Lösungen für Probleme bzw. Bedürfnisse von Kunden und Nutzern liefert [15]. Der Begriff Design ist hier nicht auf die ästhetische Gestaltung von Produkten verengt, sondern umfasst ebenso die konzeptionelle und technische Gestaltung von Systemen.

Hier soll es nicht um Design Thinking als Kultur oder Denkhaltung gehen. Vielmehr wird Design Thinking als Prozess aufgefasst, um die Innovationsaktivitäten für eine Gruppe von Teilnehmern zu strukturieren. Der Ausgangspunkt des Innovationsprozesses ist der Kunde bzw. der Nutzer und seine Bedürfnisse. Statt eines Big-Bang-Ansatzes bei der Implementierung des Geschäftsmodells werden Prototypen entwickelt, diese mit dem Kunden getestet und auf Basis der Rückmeldungen weiterentwickelt, vgl. Abb. 10.13.

Damit das Nutzenversprechen der Geschäftsmodell-Innovation diese Bedürfnisse wirklich erfüllt, wird der Kunde bei der Nutzung des Produkts oder der Dienstleistung beobachtet, um Lösungen abzuleiten [11]. Dies erfordert den frühzeitigen Einsatz von

Abb. 10.13 Iterative Design-Thinking Zyklen zur Umsetzung und Weiterentwicklung des Geschäftsmodells

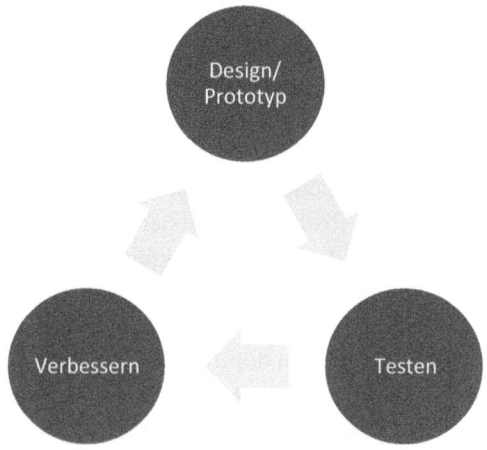

Prototypen, um ein evolutionäres Lernen und Verbessern des Leistungsangebots zu ermöglichen.

„Fail early to succeed sooner" – Tim Brown.

Die **Schritte des Design-Thinking-Prozesses** sind iterativ. Dies bedeutet, dass einzelne Abschnitte des Prozesses eventuell so lange wiederholt werden, bis eine zufriedenstellende Lösung erzielt wurde. Insofern sind die nachfolgend dargestellten Schritte des Design-Thinking-Prozesses nicht zwingend linear aufzufassen. Die Inhalte der ersten vier Schritte finden sich ebenso in der Struktur des vorliegenden Leitfadens.

Design-Thinking-Prozess
1. **Verstehen:** Es sind möglichst viele Daten, Fakten und Fragen zu sammeln, um einen Sachverhalt zu erfassen, insbesondere zu den Kunden und anderen Anspruchsgruppen.
2. **Beobachten:** Um bisher nicht identifizierte bzw. adressierte Kundenbedürfnisse zu ermitteln, müssen diese durch Beobachtung der Kunden bzw. Nutzer und Interviews erfasst werden.
3. **Synthese:** Aus den in den ersten beiden Schritten gesammelten Informationen sind die zentralen Erkenntnisse in einen nachvollziehbaren Gesamtzusammenhang zu bringen. Eine dafür eingesetzte Visualisierung wird als Framework bezeichnet.
4. **Ideen entwickeln:** Es sind möglichst viele Ideen zu entwickeln, um daraus diejenigen mit dem größten (Weiterentwicklungs-)Potenzial auszuwählen.
5. **Prototypen:** Ideen für den Nutzer erfahrbar gestalten, sodass diese schrittweise und iterativ zu funktionierenden Lösungen weiterentwickelt werden können.
6. **Testen:** Die entwickelte (Zwischen-)Lösung in Form des Prototyps ist daraufhin zu prüfen, ob sie vom Nutzer verstanden, akzeptiert und zur Befriedigung seiner Bedürfnisse angewendet werden kann. Auf Basis der Rückmeldungen der Nutzer wird die vorliegende Lösung weiterentwickelt bzw. verfeinert.

Für die Umsetzung des Geschäftsmodells sind insbesondere die Gestaltung von Prototypen und das Testen dieser Prototypen durch die Kunden relevant, sodass diese im Folgenden aufgegriffen werden.

Prototypen
Prototyping ist die Konkretisierung des Konzepts des Geschäftsmodells [5]. Prototypen validieren als „Studienmodell" Annahmen, beschleunigen den Erkenntnisfortschritt und damit die Umsetzung. Das Erstellen eines Prototyps zielt auf die Annäherung einer Idee an seine spätere finale Form. Die Idee soll möglichst schnell und einfach erfahrbar sein, um ein gemeinsames Verständnis zu erlangen, und die Idee verfeinern bzw. verbessern zu können. Prototypen machen abstrakte Konzeptideen begreifbar und erleichtern das gemeinsame Verständnis neuer Ideen im Team. Das Konzept lässt sich anhand eines

Prototyps, am besten zusammen mit dem Kunden, testen und verfeinern. Als gedankliches Hilfsmittel zum Erproben neuer Möglichkeiten zeigen Prototypen im Rahmen von Tests bei kalkulierbarem Risiko schnell Schwächen und Stärken eines Konzepts auf [15].

> „Die Fähigkeit einer Organisation zu lernen und das Gelernte schnell in Taten umzusetzen ist der ultimative Wettbewerbsvorteil" – Jack Welch.

Ein Prototyp ist ein Artefakt, um beispielsweise ein Gespräch zu führen, ohne viel Zeit und Geld zu investieren – nicht zwangsläufig ein funktionierendes Modell. Der Prototyp eines Geschäftsmodells kann vielfältige **Formen** haben: Eine erste Stufe kann beispielsweise eine grobe Skizze in Form einer einfachen Business Model Canvas sein. Eine darauf aufbauende ausführliche Canvas kann Hinweise geben, wie welche Elemente auszuprägen sind, damit die Grundidee funktioniert. In einer anschließenden Szenario-Analyse kann die ausführliche Canvas auf ihre wirtschaftliche Tragfähigkeit hin untersucht werden, indem die Erlöse und Kosten verschiedener Alternativen auf detaillierter Ebene gegenüber gestellt werden. Eine theoretisch tragfähige Variante kann mit potenziellen Kunden und Partnern oder auf einem Testmarkt als Pilot getestet werden, um auf Basis der Rückmeldungen zu Lernen. Bei den vorgenannten Prototyp-Formen kann es sich um iterative Design-Zyklen handeln, bei denen jeweils die Granularität erhöht und so das Geschäftsmodell schrittweise detailliert wird. Der Begriff des **Minimum Viable Product (MVP)** bezeichnet in diesem Prozess das „minimal überlebensfähige Produkt" als erste markt- und funktionsfähige Iteration des Geschäftsmodells.

Der Prototyp ist zum einen ein Denkwerkzeug zum Testen und Weiterentwickeln des Geschäftsmodells. Zum anderen ist er ein Kommunikationsmedium im Team. Was bedeutet es für die Wertschöpfungskette, wenn wir eine weitere Produktvariante anbieten? Was passiert, wenn wir ein weiteres Kundensegment adressieren? Der Prototyp bietet die Möglichkeit, solche Fragestellungen strukturiert zu diskutieren und dabei die Beziehungen zwischen den Elementen des Geschäftsmodells systematisch zu untersuchen. Dafür ist vielfach nicht ein einziger Prototyp ausreichend. Das Geschäftsmodell kann iterativ in mehreren Schritten, die jeweils einen höheren Detailgrad aufweisen, immer weiter entwickelt werden. Dafür ist eine „Kultur des Scheiterns" zu etablieren, bei der innovative Wege ohne die sprichwörtlichen Scheuklappen, die aus der Angst vor Misserfolg resultieren, beschritten werden. Fehlschläge sind wichtig und erlaubt, um Erfahrungen zu sammeln und für den nächsten Schritt zu lernen.

Testen
Das Testen des Prototyps mit Kunden und weiteren Anspruchsgruppen dient zum einen der Evaluation. Annahmen werden auf ihre Richtigkeit überprüft. Die Auswertung der Testergebnisse fließt in die Verbesserung des Geschäftsmodells bzw. des nächsten Prototypen ein. Zum anderen dient die Reflexion der Testergebnisse im Team der Inspiration, um über mögliche Erweiterungen des Geschäftsmodells nachzudenken [5].

„Prototype as if you know you are right, but test as if you know you are wrong"
– d.school Stanford University.

Das Nutzenversprechen des Geschäftsmodells lässt sich mit etablierten Methoden wie
Consumer Clinics oder Usability Testing validieren [15]. Bei einer **Consumer Clinic**
testen Kunden Produkte oder Dienstleistungen im realen Einsatz und teilen ihre Meinung
im Nachgang über einen Fragebogen mit. Beim **Usability Testing** führen die Tester eine
vorgegebene Aufgabe aus und die dabei ausgeführten Aktionen werden beobachtet bzw.
zur späteren Auswertung aufgezeichnet. Das Testen eines Geschäftsmodells geht jedoch
weit darüber hinaus, da das Zusammenspiel der Elemente des Geschäftsmodells überprüft werden muss. Dafür eignen sich insbesondere Pilot-Implementierungen in ausgewählten Testmärkten, beispielsweise für eine bestimmte geografische Region oder ein
ausgewähltes Kundensegment.

II. Organisatorische Rahmenbedingungen für den operativen Betrieb
Für den operativen Betrieb sind die organisatorischen Rahmenbedingungen in der Wertschöpfungskette des Unternehmens und seiner Partner zur Leistungserstellung aufzubauen. Außerdem sind Management-Strukturen zu schaffen, um das Geschäftsmodell
kontinuierlich zu überwachen, zu bewerten und eventuell anzupassen. Diese organisatorische Gestaltung ist individuell vor dem Hintergrund des jeweiligen Geschäftsmodells
und des Unternehmensumfelds auszuprägen. Dabei sollten unter anderem die folgenden
Fragen beantwortet werden, bei denen es sich nicht um eine vollumfängliche Auflistung
handelt, sondern um Impulse zum unternehmensindividuellen Weiterdenken.

Bestandteile der organisatorischen Gestaltung
- **Strategie:** Was sind die strategischen Ziele der Unternehmensentwicklung? Wie
  trägt das Geschäftsmodell zum Erreichen der strategischen Ziele und der Vision
  bei? Welche Merkmale muss die Organisation aufweisen, um die strategischen
  Ziele zu unterstützen, beispielsweise agil versus effizient?
- **Mitarbeiter:** Welche Art von Mitarbeitern mit welchem Wissen, welchen
  Fähigkeiten und welchen Denkweisen wird benötigt? Wie sieht eine ziel-
  führende Mischung aus „Freigeistern" mit kreativen Ideen und „fleißigen Bien-
  chen" zur effizienten Leistungserstellung aus?
- **Anreizsystem:** Welche Kennzahlen spiegeln die strategischen Ziele und die
  Prozessziele wider? Welche Art von Anreizen passt zu welchen Mitarbeitern, um
  Leistung zu motivieren? An welche Kennzahlen sind Belohnungen für welche
  organisatorische Rolle zu knüpfen, beispielsweise umsatzbasierte Entlohnung im
  Vertrieb versus Kundenzufriedenheit als bonifiziertes Ziel für alle Mitarbeiter?
- **Prozesse:** Welche Abläufe sind intern und extern für die Wertschöpfung und
  unterstützende Aktivitäten erforderlich? Welche Informations- und Materialflüsse
  sind aufzusetzen? Dabei ist auf eine Konsistenz zu den strategischen Zielen zu

achten. Zum Beispiel sollten die Prozesse bei einer Kostenführer-Strategie schlank und automatisiert gestaltet werden. Demgegenüber sind bei der Strategie einer Qualitätsführerschaft qualitätssichernde Aktivitäten aufzusetzen, wobei Effizienzverluste in Kauf genommen werden.

- **Organisationsstruktur:** Ist die Aufbauorganisation für das neue Geschäftsmodell separat aufzusetzen (Agilität, Effektivität als dominante Ziele) oder mit der bestehenden Organisationsstruktur zu verschmelzen (Synergien, Effizienz als dominante Ziele)? Ist dies ein sequenzieller Prozess? Wie sind die Rollen und Verantwortlichkeiten für die Prozessaktivitäten zu definieren? Mit welchen Kooperationspartnern in der Wertschöpfungskette sind Beziehungen sowie Informations- und Materialflüsse aufzubauen? Gibt es neue Vertriebskanäle, die eventuell neue Abrechnungsmodelle erfordern?
- **Informationstechnologie:** Welche Anforderungen hat das neue Geschäftsmodell an die IT-Systeme? Welche Informationen sind zu erfassen, zu speichern und zu verarbeiten, um das Geschäftsmodell laufend zu betreiben und verbessern zu können? Wie werden IT-Architektur, Standards und Schnittstellen eine zukünftige Weiterentwicklung des Geschäftsmodells (neue IT, Partner) unterstützen oder einschränken? Wie werden Datensicherheit und -schutz sichergestellt? Sind die erforderlichen IT-Kompetenzen unternehmensintern vorhanden? Wie werden die IT und zentrale Geschäftsprozesse aufeinander abgestimmt, sodass Geschäfts-, Anwender- und Technologieperspektive harmonisiert sind? Ist die richtige IT vorhanden, anzupassen oder neu aufzubauen? Welche Investitionen sind dafür erforderlich?

III. Erfolgsfaktoren für die Umsetzung

Abschließend werden ausgewählte Erfolgsfaktoren erläutert, deren Beachtung die Wahrscheinlichkeit einer erfolgreichen Implementierung des Geschäftsmodells erhöhen. Dabei handelt es sich um den Zeitpunkt des Markteintritts, die Innovationskommunikation, das Veränderungsmanagement, die Gestaltung der Aufbau- und Ablauforganisation, die Entwicklung einer Schutzrechtestrategie und das Projektmanagement.

Zeitpunkt des Markteintritts

Ein wichtiger Erfolgsfaktor ist die Wahl des richtigen Zeitpunkts der Implementierung bzw. der Markteinführung des neuen Geschäftsmodells. Dabei lassen sich grundsätzlich drei Timing-Strategien unterscheiden: Pionier, früher Folger und später Folger. **Pionier-Unternehmen** realisieren das neue Geschäftsmodell als erstes Unternehmen auf dem Markt. Aufgrund der kurzfristigen Monopolstellung können Gewinne bei der innovationsfreudigen „First-Buyer"-Käufergruppe abgeschöpft werden. Über Erfahrungskurveneffekte lassen sich Kostenvorteile gegenüber später in einen Markt eintretende

Wettbewerber erzielen. Falls das Geschäftsmodell auf neuen Produkten basiert, lassen sich Wettbewerbsvorteile eventuell dauerhaft über Schutzrechte sichern. Allerdings stehen diesen Vorteilen auch Nachteile in Form von hohen Entwicklungs- und Markterschließungskosten und Risiken gegenüber. **Frühe Folger** setzen auf eine Imitations- bzw. Modifikationsstrategie, die vor allem auf die Minderung von Marktrisiken zielt, indem bestehende Konzepte weiterentwickelt oder abgewandelt werden. **Späte Folger**, sogenannte „Me-too-Anbieter", treten in einen stabilen Markt ein, wenn dessen weitere Entwicklung sicher einschätzbar ist, um Marktrisiken zu vermeiden [22]. Oft haben späte Folger eine Imitationsstrategie und bieten sehr ähnliche Leistungen zu niedrigen Preisen an. Allerdings erzielen sie vielfach nur einen geringen Marktanteil, wenn ein Pionier mit seinem Geschäftsmodell eine marktbeherrschende Stellung hat und eine aus betriebswirtschaftlicher Sicht kritische Masse an Kunden kaum zu erreichen ist.

Innovationskommunikation
Die Innovationskommunikation umfasst die interne und externe Vermarktung der Innovation. Interne Stakeholder wie Mitarbeiter und externe Anspruchsgruppen wie Kunden und Lieferanten sind vom Mehrwert und der Notwendigkeit der Innovation gezielt zu überzeugen. Damit soll Verständnis für und Vertrauen in die Geschäftsmodell-Innovation geschaffen werden. Ansonsten können die Komplexität und der Abstraktionsgrad eines innovativen Geschäftsmodells zu einem Nicht-Verstehen und damit zu Zurückhaltung oder Ablehnung führen. Die Innovationskommunikation muss nicht erst im Schritt der Umsetzung starten, sondern kann bereits die Ideenfindung und -bewertung unternehmensintern und -extern flankieren. Die Innovationskommunikation ist ebenso Teil des Veränderungsmanagements [7].

Change-Management
Qualifizierte Mitarbeiter tragen maßgeblich zum Erfolg der Realisierung des neuen Geschäftsmodells bei. Im Umkehrschluss stellt ein Mangel an relevanten Fähigkeiten und Wissen der Führungskräfte und Mitarbeiter ein Hindernis für eine erfolgreiche Umsetzung dar. Durch internen Wissensaustausch, das Weiterbilden bestehender bzw. das Einstellen neuer Mitarbeiter sind eventuell nicht alle Kompetenzlücken kurzfristig zu schließen. Entsprechend ist realistisch zu bewerten, welche Leistungen in der Wertschöpfungskette vom Unternehmen selbst und welche von externen Partnern erbracht werden sollten [11].

Die Realisierung eines neuen Geschäftsmodells in einem bestehenden Unternehmen findet nicht auf der sprichwörtlichen grünen Wiese statt. Vielmehr werden Dinge wie zum Beispiel IT-Systeme und Prozesse verändert, die in einen bereits existierenden Kontext eingebettet sind. Es sind massive Veränderungen in Bezug auf Arbeitsweisen und Hilfsmittel der Mitarbeiter anzustoßen, die mit bestehenden Arbeitsweisen und Geisteshaltungen kollidieren. Das Ausmaß der notwendigen Veränderungen in Bezug auf Technologie, Prozesse und Strukturen ist oft groß und betrifft viele Funktionsbereiche und Hierarchieebenen. Insofern ist der **Wandlungsbedarf** eines Unternehmens im Rahmen der Geschäftsmodell-Innovation nicht zu unterschätzen. Daher ist für Umsetzung eine hohe **Wandlungsbereitschaft** der am Wandlungsprozess beteiligten bzw. von ihm betroffenen Personen und Organisationseinheiten gegenüber der Veränderung erforderlich [7]. Neben der Wandlungsbereitschaft ist ebenso die **Wandlungsfähigkeit** der beteiligten Personen und Einheiten erfolgskritisch. Diese bezeichnet das Wissen und Können, Wandlungsprozesse erfolgreich durchführen zu können. Sowohl Wandlungsbereitschaft als auch Wandlungsfähigkeit werden maßgeblich vom Führungsverhalten und der Unternehmenskultur bestimmt.

Ansatzpunkte für Maßnahmen zum Überwinden der vorgenannten Barrieren bietet das bewährte Instrumentarium des Change Managements (Veränderungsmanagement). Veränderungen sind langfristig nur erfolgreich, wenn die Mitarbeiter sie mittragen. Wenn eine starke Führung das Bild von einer erstrebenswerten Geschäftsmodell-Innovation vermitteln kann, lässt sich Veränderung leichter bewerkstelligen [6]. Außerdem müssen die Mitarbeiter Verständnis für die Notwendigkeit des Wandels und individuelle Konsequenzen entwickeln, um den Wandel aktiv mitzugestalten. Dafür sind einerseits Konsequenzen aufzuzeigen, die im Falle eines ausbleibenden Wandels eintreten. Im schlimmsten Fall sind dies der Verlust der Wettbewerbsfähigkeit des Unternehmens und der damit eventuell verbundene Abbau von Arbeitsplätzen. Andererseits sind die Chancen des Wandels zu kommunizieren. Im besten Fall sind dies der Ausbau der Wettbewerbsposition und die damit verbundenen Vorteile für den einzelnen Mitarbeiter wie Arbeitsplatzsicherheit und Einkommenssteigerungen. Der Aufbau von zahlreichen Mitarbeitern als „Wandelverantwortliche" kann die breite Masse mobilisieren. Dabei geht es nicht nur darum, die Zweifler zu überzeugen, sondern vielmehr um das Gewinnen der Unentschiedenen. Neben der Wandlungsbereitschaft ist ebenso die Wandlungsfähigkeit der Mitarbeiter zu fördern, beispielsweise durch Schulungen. Die erfolgreiche Durchführung sogenannter **Leuchtturm-Projekte**, die eine positive Signalwirkung haben, fördert die Akzeptanz des Gesamtprojekts: Nichts überzeugt besser als sichtbare bzw. messbare Ergebnisse [6]. Trotz alledem: Die Umsetzung eines neuen Geschäftsmodells erfordert Ausdauer. Die Veränderung von Organisationen ist ein langer und teilweise anstrengender Prozess.

Gestaltung der Aufbau- und Ablauforganisation und Schnittstellenmanagement
Für die Umsetzung des Geschäftsmodells müssen die Wertschöpfungsaktivitäten innerhalb des Unternehmens und eventuell mit unternehmensexternen Partnern koordiniert werden, um das Nutzenversprechen für den Kunden zu erfüllen. Im Rahmen des Geschäftsprozessmanagements sind dabei zahlreiche interne und externe Schnittstellen in den Prozessen der Wertschöpfungskette zu gestalten, um die Leistungserstellung abteilungs- und unternehmensübergreifend effizient und effektiv zu organisieren.

In vielen Unternehmen herrscht ein starkes Abteilungsdenken vor. Der Begriff der **funktionalen Silos** bezeichnet Abteilungsegoismen: Jede Abteilung fokussiert sich dominant auf das Erreichen ihrer Ziele. Zielkonflikte mit übergreifenden Unternehmenszielen oder Zielen anderer Abteilungen werden dabei ignoriert. Im Extremfall werden andere Abteilungen als Gegner betrachtet. Gründe für ein ausgeprägtes Silo-Denken sind vor allem konkurrierende Abteilungsziele, spezialisierte Aufgabenfelder und funktions- spezifische IT-Altsysteme. Konfliktäre Anreizsysteme fördern solche Zielkonflikte. Beispielsweise wird eine IT-Abteilung an der Einhaltung des IT-Budgets gemessen. Demgegenüber bemisst sich der Zielerreichungsgrad einer Marketing-Abteilung an Zielgrößen wie Neukundengewinnung und Kundenbindung. Das neue Geschäftsmodell bedroht eventuell bestehende Machtstrukturen, sodass Führungskräfte um ihren Einfluss fürchten und ihren Einflussbereich verteidigen. Verstärkt wird das Silo-Denken, wenn verschiedene Abteilungen bzw. Funktionsbereiche gleichzeitig auf knappe Budgets und Ressourcen zugreifen und dadurch Kapazitätsengpässe entstehen. Die Folgen funktiona- ler Silos können im Hinblick auf den Erfolg der Geschäftsmodell-Innovation dramatisch sein. Projekte werden unzureichend aufeinander abgestimmt und Lösungen eventuell doppelt entwickelt. Gedankliche Silos erschweren funktionsübergreifende, verzahnte IT-Systeme und eine umfassende Datenanalyse, um innovative Lösungen zu implemen- tieren. Die Organisation ist zu starr, um sich an dynamische Kundenbedürfnisse mittels neuer Technologien und Prozesse schnell anzupassen. Die Realisierung eines innovati- ven Geschäftsmodells erfordert jedoch die Fähigkeit, schnell neue Lösungsansätze auszu- probieren bzw. mit Innovationen zu experimentieren.

Eine Maßnahme zum Abbau des Silo-Denkens ist das Stärken der **Prozess- orientierung**, das Denken über Abteilungsgrenzen hinweg [6]. Statt funktionaler Interessen einzelner Abteilungen müssen funktionsübergreifende Prozesse und die Gesamtunternehmensziele im Fokus stehen. Die Kundenzentrierung lässt sich beispiels- weise durch das Darstellen und Analysieren der sogenannten Customer Journey fördern. Der Begriff Customer Journey beschreibt als Kontaktstrecke die „Reise" des Kunden im Zeitablauf bzw. die kumulierten Erfahrungen, die ein bestehender oder potenzieller Kunde über die verschiedenen Kontaktpunkte mit einem Produkt bzw. einer Dienst- leistung, einer Marke oder einem Unternehmen hat. Damit wird die Perspektive des Kunden auf das Unternehmen eingenommen: Der Kundennutzen und die Unternehmens- ziele sollten bei der Prozessgestaltung im Fokus stehen, nicht interne Bereichsegoismen. Wenn die Customer Journey nicht konsequent über Abteilungen hinweg digitalisiert wird, dann stehen nicht ausreichend verknüpfbare Daten zur Verfügung, um die Gesamt- erfahrung des Kunden mit dem Unternehmen über alle Kontaktpunkte hinweg zu opti- mieren.

Schutzrechte

Das Unternehmen sollte frühzeitig eine Schutzrechtsstrategie erarbeiten, um mit dem innovativen Geschäftsmodell langfristig Wettbewerbsvorteile erzielen zu kön- nen. Grundsätzlich steht es jedem Unternehmen frei, abstrakte Ideen und Konzepte zu kopieren und in die Tat umzusetzen. Die volkswirtschaftlich wünschenswerte Wett- bewerbsfreiheit und die legale Imitation stoßen jedoch dort an Grenzen, wenn die Geschäftsidee in eine für sich genommen schutzfähige Form überführt wird und dadurch Schutz gegenüber jedermann („inter omnes") erlangt. Relevante Rechtsvor-schriften für eine Schutzrechtsstrategie sind Urheber- und Markenrechte, Patente, Gebrauchs- und Geschmackmuster sowie die Vorschriften zum Schutz des lauteren Wett-bewerbs. Um die Geschäftsmodell-Idee möglichst lange zu schützen, sollten mit Drit-ten Geheimhaltungsvereinbarungen zur Verschwiegenheit, sogenannte Non-Disclosure Agreements (NDA) geschlossen werden, um einen Schutz der Geschäftsidee gegenüber einzelnen (juristischen) Personen zu erzielen („inter partes"). Um spätere Konflikte mit Mitarbeitern im Hinblick auf die Frage, wem eine Erfindung gehört und wer diese aus-beuten darf, zu vermeiden, sollten die Regelungen des Arbeitnehmererfindergesetzes berücksichtigt werden.

Der Schutz eines Geschäftsmodells gestaltet sich zwar schwieriger als der Schutz eines einzelnen Produkts. Jedoch lassen sich einzelne Elemente der Geschäfts-modell-Innovation durch die vorgenannten Schutzrechte absichern. Vor dem Hinter-grund der Globalisierung ist dabei ein internationaler Rechtsschutz anzustreben. Für eine belastbare Schutzrechtstrategie sollte die Unterstützung von Rechts- und Patentanwälten hinzugezogen werden, falls es unternehmensintern keine Rechtsabteilung gibt oder ent-sprechende Kompetenzen dort nicht vorliegen.

Projektmanagement
Für das Umsetzungsprojekt ist professionelles Projektmanagement erforderlich. Für die Projektplanung und -durchführung sollte auf bewährte Projektmanagement-Standards wie etwa des Project Management Institute (PMI) zurückgegriffen werden, um das Pro-jekt der Geschäftsmodell-Innovation im Hinblick auf Inhalt und Umfang (engl. Scope), Zeit, Kosten, Qualität, Risiko, Ressourcen, Kommunikation, Veränderungsmanagement und weitere Themenbereiche systematisch zum Erfolg zu führen. Wichtig sind dabei ein starker Projektsponsor, der unternehmensweit die Wichtigkeit des Projekts signali-siert, die Definition und Abstimmung zusammenhängender Teilprojekte, die Festlegung übergreifender Meilensteine und eine detaillierte Risikoanalyse, um proaktiv Barrieren abbauen zu können. Hervorzuheben ist die Unterstützung der Führungskräfte auf der oberen und mittleren Ebene des Unternehmens, die dem Projekt die Kapazitäten ihrer Mitarbeiter und Budgets zuordnen müssen.

10.6.3   Zusammenfassung Schritt 5: Konzepterstellung

Das Ziel ist die Umsetzung des im Rahmen des Workshops erarbeiteten Konzepts in ein marktfähiges und wirtschaftlich erfolgreiches Geschäftsmodell. Dafür wird in Anlehnung an den Design-Thinking-Prozess ein Prototyping-Ansatz für eine iterative Weiterentwicklung des Geschäftsmodells empfohlen. Für den Aufbau der organisato-rischen Rahmenbedingungen des operativen Betriebs werden Hinweise in Bezug auf den strategischen Fit, Mitarbeiter, Anreizsystem, Prozesse, Aufbauorganisation und Informationstechnologie gegeben. Abschließend werden ausgewählte Erfolgsfaktoren erläutert, deren Beachtung die Wahrscheinlichkeit einer erfolgreichen Implementierung des Geschäftsmodells erhöhen. Dabei handelt es sich um den Zeitpunkt des Markteintritts, die Innovationskommunikation, das Veränderungsmanagement, die Gestaltung der Aufbau- und Ablauforganisation, die Entwicklung einer Schutzrechtestrategie und das Projektmanagement.

Literatur

1. Project Management Institute (PMI). (2018). Foundational Standards. https://www.pmi.org/pmbok-guide-standards/foundational.
2. Litke, H.-D., Kunow, I., & Schulz-Wimmer, H. (2018). *Projektmanagement* (Bd. 200). Freiburg: Haufe-Lexware.
3. Chesbrough, H. W., & Feldmann, C. (2006). *Open innovation: The new imperative for creating and profiting from technology*. Boston: Harvard Business Press.
4. Osterwalder, A., & Pigneur, Y. (2010). *Business model generation: A handbook for visionaries, game changers, and challengers*. Frankfurt: Campus.
5. Gassmann, O., Frankenberger, K., & Csik, M. (2013). *Geschäftsmodelle entwickeln: 55 innovative Konzepte mit dem St. Galler business model navigator*. München: Carl Hanser.
6. Appelfeller, W., & Feldmann, C. (2018). *Die digitale Transformation des Unternehmens: Systematischer Leitfaden mit zehn Elementen zur Strukturierung und Reifegradmessung*. Berlin: Springer.
7. Lindgardt, Z., Reeves, M., Stalk, G., & Deimler, M. S. (2013). Business model innovation: When the game gets tough, change the game. In M. Deimler, R. Lesser, D. Rhodes, & J. Sinha (Hrsg.), *Own the future: 50 ways to win from the boston consulting group* (S. 291–298). New Jersey: Wiley.
8. Andler, N. (2015). *Tools für Projektmanagement, Workshops und Consulting: Kompendium der wichtigsten Techniken und Methoden*. Erlangen: Publicis Publishing.
9. Porter, M. E. (2004). *Competitive advantage: Creating and sustaining superior performance*. New York: Free Press.
10. Feldmann, C., & Pumpe, A. (2016). *3D-Druck – Verfahrensauswahl und Wirtschaftlichkeit: Entscheidungsunterstützung für Unternehmen*. Wiesbaden: Springer Gabler.
11. Rustler, F. (2016). *Denkwerkzeuge der Kreativität und Innovation*. Zürich: Midas Management Verlag.
12. Dark Horse Innovation. (2016). *Digital Innovation Playbook – Das unverzichtbare Arbeitsbuch für Gründer, Macher und Manager*. Hamburg: Murmann Publishers.
13. Luther, M. J. (2013). *Das große Handbuch der Kreativitätsmethoden, Wie Sie in vier Schritten mit Pfiff und Methode Ihre Problemlösungskompetenz entwickeln und zum Ideen-Profi werden*. Bonn: managerSeminare.
14. Schallmo, D. (2014). *Kompendium Geschäftsmodell-Innovation – Grundlagen, aktuelle Ansätze und Fallbeispiele zur erfolgreichen Geschäftsmodell-Innovation*. Wiesbaden: Springer Gabler.
15. Uebernickel, F., Brenner, W., Pukall, B., Naef, T., & Schindlholzer, B. (2015). *Design Thinking: Das Handbuch*. Frankfurt: Frankfurter Allgemeine Buch.
16. De Bono, E. (1992). *Six thinking hats* (2. Aufl.). USA: Back Bay Books.
17. Kühnapfel, J. B. (2014). *Nutzwertanalysen in Marketing und Vertrieb*. Wiesbaden: Springer.

18. Hoffmeister, W. (2000). *Investitionsrechnung und Nutzwertanalyse*. Stuttgart: Kohlhammer.
19. Saaty, T. L. (2013). Analytic Hierarchy Process. In S. I. Gass & M. C. Fu (Hrsg.), *Encyclopedia of operations research and management science* (S. 52–64). USA: Springer.
20. Backhaus, K., Erichson, B., Plinke, W., & Weiber, R. (2018). *Multivariate Analysemethoden: Eine anwendungsorientierte Einführung* (15. Aufl.). Heidelberg: Springer.
21. Großklaus, R. H. G. (2008). *Quantitative Ideenbewertung und-auswahl – Neue Produkte einführen: Von der Idee zum Markterfolg*. Wiesbaden: Gabler.
22. Kim, C., & Mauborgne, R. (2015). *Blue ocean strategy, expanded edition: How to create uncontested market space and make the competition irrelevant*. Boston: Harvard Business Review Press.
23. Bundesministerium für Wirtschaft und Energie. Business Model Canvas: Vorlage. https://www.existenzgruender.de/SharedDocs/Downloads/DE/Checklisten-Uebersichten/Businessplan/16_Business-modell-Canvas.pdf?__blob=publicationFile.

Dieser Leitfaden hat ein praxisorientiertes Vorgehensmodell vorgestellt, mit dem Unternehmen Geschäftsmodell-Innovationen mit 3D-Druck erfolgreich auf den Weg bringen können. Das GIN3D-Vorgehensmodell ist in einen schrittweisen Prozess gegliedert, der Unternehmen als Methodenbaukasten von der ersten Idee bis zur Realisierung begleitet. Das Vorgehensmodell setzt sich aus fünf Schritten zusammen. Der erste Schritt umfasst die Vorbereitung und die Analyse des Umfelds des Unternehmens. Dadurch wird eine geeignete Ausgangsbasis für die Ideenfindung in einem interdisziplinären Team gelegt. Die Ideenfindung in Schritt 2 erfolgt sowohl mittels bewährter Kreativitätsmethoden als auch mithilfe der Geschäftsmodellmuster entlang der GIN3D-Wertschöpfungskette. Im dritten Schritt, der Ideenbewertung, werden die Ideen evaluiert, um Erfolg versprechende Geschäftsmodell-Ideen herauszufiltern. Für die selektierten Ideen werden in Schritt 4 detaillierte Konzepte erstellt und die Implementierung geplant. Den letzten Schritt bildet die Überführung dieser Konzepte in Projekte zu Realisierung des Geschäftsmodells in Form der Markteinführung.

Für die Entwicklung von Geschäftsmodellen im Kontext des 3D-Drucks sei dem Leser ein Zitat von Mark Twain mit auf den Weg gegeben: „Das Geheimnis des Vorwärtskommens liegt darin, den ersten Schritt zu tun." Dafür wünschen die Autoren des Buches viel Mut und Erfolg!

© Springer Fachmedien Wiesbaden GmbH, ein Teil von Springer Nature 2019
C. Feldmann et al., *Digitale Geschäftsmodell-Innovationen mit 3D-Druck,*
https://doi.org/10.1007/978-3-658-25162-8_11

Forschungsmethodik

12

Praktiker können dieses Kapitel ohne wesentlichen Informationsverlust überspringen, da vor allem die Forschungsmethodik dargestellt wird. Zur wissenschaftlichen Fundierung der Ergebnisse sind im Folgenden zunächst die Zielsetzungen und Anforderungen wissenschaftlichen Arbeitens darzustellen. Daraufhin wird der Stand der Forschung beschrieben. Bei dem in Abschn. 3.2 vorgestellten Orientierungsrahmen handelt es sich um ein Referenzmodell, sodass der Modellbildungsprozess zu beschreiben ist. Abschließend wird das Vorgehen der Untersuchung kritisch reflektiert und die Ansatzpunkte für eine weitere Forschung identifiziert.

12.1 Zielsetzungen und Anforderungen wissenschaftlichen Arbeitens

Der dieser Studie zugrunde liegende wissenschaftliche Analyseprozess verfolgt drei Ziele, die jeweils die Basis für den nachfolgenden Analyseschritt schaffen. Zuerst sind eindeutige Begriffe und Klassifikationen zu bilden, die aussagefähige und nachvollziehbare Beschreibungen zulassen. Dieses **deskriptive Ziel** wird mit der Definition relevanter Termini wie etwa 3D-Druck und verschiedener Geschäftsmodellmuster erreicht. Das **theoretische Wissenschaftsziel** verfolgt die Gewinnung theoretischer Grundlagen, um die Handlungsempfehlungen für die Unternehmenspraxis auf Erkenntnissen für Erklärung und Prognose aufzubauen. Daraus resultiert die Konzeption des Referenzmodells (vgl. Abb. 4.1). Das GIN3D-Modell systematisiert als Orientierungsrahmen die Geschäftsmodellmuster und Anbieter in der Wertschöpfungskette des 3D-Drucks. Dies dient dem **pragmatischen Wissenschaftsziel** als eigentlichem Zweck des Forschens, dem Erlangen konkreter Erkenntnisse für das Lösen praktischer Problemstellungen. Das Referenzmodell dient zum einen als Basis zur Ableitung von Erfolgsfaktoren für KMU bei der Umsetzung des 3D-Drucks. Zum anderen wird es als Ordnungsrahmen für ein

© Springer Fachmedien Wiesbaden GmbH, ein Teil von Springer Nature 2019
C. Feldmann et al., *Digitale Geschäftsmodell-Innovationen mit 3D-Druck*,
https://doi.org/10.1007/978-3-658-25162-8_12

Diagnose-Werkzeug zur Identifikation innovativer Geschäftsmodelle im zweiten Teil des Buches genutzt.

Die Anforderungen an wissenschaftliches Arbeiten lassen sich in die beiden Dimensionen **Rigour** (theoretische bzw. methodische Strenge und Exaktheit) und **Relevance** (praktische bzw. reale Relevanz) einordnen. In Anlehnung an das Ordnungsschema von Anderson et al. [1] ist die vorliegende Forschungsarbeit als theoretisch fundierte und pragmatisch ausgerichtete Wissenschaft zu klassifizieren („Pragmatic Science"). Die Fragestellungen der **anwendungsorientierten Forschung** leiten sich aus den Erfordernissen der Praxis her. Anwendungsorientierte Forschung zielt darauf ab, auf Basis von theoretischen Erkenntnissen Regeln, Modelle oder Verfahren für praktisches Reflektieren und Handeln zu entwickeln. Da die Ergebnisse bei unternehmerischen Entscheidungsprozessen verwertet werden sollen, sind diese mit dem Bewertungsmaßstab der „Brauchbarkeit" in der Praxis zu beurteilen. Methodisch-theoretisch fundierte sowie gleichzeitig praxisorientierte Forschung unterstützt Führungskräfte dabei, relevante interne Managementprobleme zu lösen und/oder die Ausrichtung des Unternehmens auf externe Umwelt- und Wettbewerbsanforderungen zu verbessern. Sie sollte zum innovativen Erkenntnisgewinn beitragen und einen originär neuen Ansatz liefern, der auf einer soliden begründeten Analyse beruht und die Gültigkeit bisheriger Ansichten oder Handlungsweisen hinterfragt. Dabei ist auf Lesbarkeit und einen klaren, verständlichen Stil der Ausführungen zu achten.

Daraus resultierten ambivalente Zielsetzungen für den ersten Teil des Buches. Einerseits sollte ein pragmatisches Referenzmodell Praktiker in Unternehmen bei der Identifikation innovativer Geschäftsmodelle unterstützen. Andererseits war eine Forschungslücke in der Wissenschaft zu schließen. So waren die Anforderungen der Praktiker an Anwendungsorientierung und Verständlichkeit zu berücksichtigen, es war aber auch eine fundierte Argumentation der Erkenntnisse für Wissenschaftler erforderlich. Dieses Spannungsfeld birgt einerseits das Risiko, dass dem Praktiker die Ausführungen zu umfangreich und theoretisch erscheinen mögen, dem Wissenschaftler hingegen zu oberflächlich und populärwissenschaftlich formuliert. Andererseits sehen die Autoren in der anwendungsorientierten Forschung, die auf den Transfer in die Wirtschaft zielt, eine große Chance, als Bindeglied zwischen Wissenschaft und Unternehmenspraxis zu agieren.

12.2 Literaturanalyse

Die vorliegende Studie basiert auf einer Literaturanalyse (sog. Desk Research) als Methode der qualitativen Forschung. Hierzu wurden Monografien, Beiträge in Sammelwerken, Studien, Journalbeiträge sowie Veröffentlichungen in Zeitungen und Informationen wissenschaftlicher Institutionen sowie Firmen im Internet herangezogen. Ein Experteninterview mit einem 3D-Druckdienstleister ergänzte die literaturbasierten Erkenntnisse.

Viele wissenschaftliche Veröffentlichungen dokumentieren die Art und Weise der Literaturrecherche und -analyse gar nicht oder nur in einem geringen Maße. Diese ist jedoch nachvollziehbar darzulegen, damit der Leser über die Tauglichkeit der Quellen urteilen kann. Dabei ist zum einen zu erörtern, welche Suchbegriffe und Datenbanken ausgewählt und welche Quellen aus diesen Suchergebnissen schließlich verwendet wurden. Zum anderen ist darzustellen, wie reproduzierbar und nachhaltig (und somit belastbar) die Literaturanalyse ist. Abb. 12.1 fasst das an vom Brocke et al. [2] angelehnte Vorgehen der Literaturanalyse zusammen.

In der **ersten Phase** wurden Art und Umfang der Literaturrecherche festgelegt. Die Taxonomie nach Cooper [3] stellt eine erste grobe Gliederung des zu erstellenden Reviews dar (vgl. Abb. 12.2).

Der Fokus bezeichnet die Art der Quellen, die mit der Recherche analysiert werden. Hier liegt der Fokus auf den Forschungsergebnissen und der praktischen Anwendung der Forschung. Primäres Ziel war die Integration. Diese zielt auf die Generalisierbarkeit der Aussagen, die Aufarbeitung der Widersprüche in der bestehenden Literatur und die Entwicklung sprachlicher Brücken für ein einheitliches Verständnis zu den Fragestellungen.

Abb. 12.1 Vorgehen für die Literaturanalyse. In Anlehnung an vom Brocke (2009) [2]

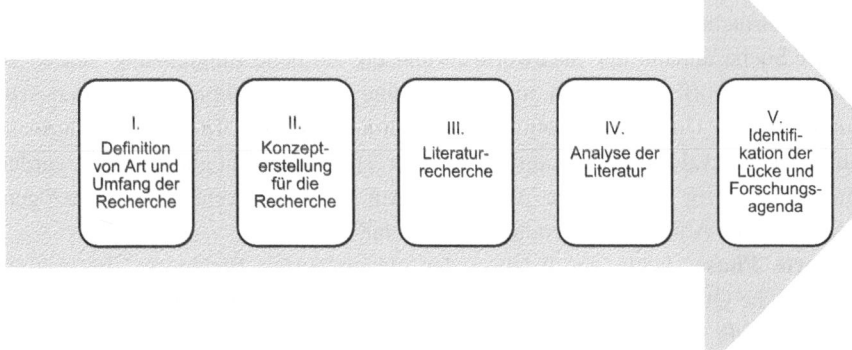

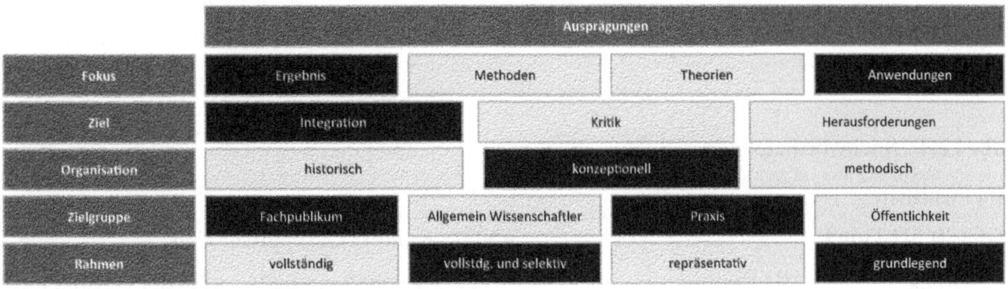

Abb. 12.2 Einordnung der Analyse in die Taxonomie. Nach Cooper (1988) [3]

Die Organisation des Reviews erfolgte vor allem konzeptionell. Die Zielgruppe beschreibt den Leserkreis und definiert somit Inhalt und Tiefgang des Reviews. Hier ist vor allem das Fachpublikum sowohl in der Wissenschaft als auch in der Unternehmenspraxis angesprochen. Der Rahmen des Reviews ist als vollständig und selektiv zu charakterisieren. Dies bedeutet, dass nach einer vollumfänglichen Suche im Review eine Beschränkung auf das wesentliche erfolgte. Aufgrund der Fragestellung wurde ebenso grundlegende Literatur analysiert.

Die **zweite Phase** schaffte einen Überblick über die Quellenlage. Hier waren vor allem die Quellen zu untersuchen, die am wahrscheinlichsten relevante Informationen zu diesem Thema enthalten werden. Die Suche beschränkte sich auf ausgewählte Veröffentlichungen, anhand derer der Umfang des Themas erfasst wurde. Ziel war ein Konzept, welches als Vorbereitung der eigentlichen Literaturrecherche in Phase drei diente.

In **Phase drei** wurde die Suche auf die Datenbank Web of Science ausgeweitet. Mittels der in der zweiten Phase identifizierten Keywords und einer gezielten vorwärts und rückwärts gerichteten Recherche wurde das Thema in seinem vollen Umfang erfasst. Bei der sog. vorwärts gerichteten Recherche wurden Quellen analysiert, welche die relevante Quelle zitiert haben. Bei der rückwärts gerichteten Recherche hingegen wurden Quellen untersucht, die von der relevanten Quelle zitiert wurden. Tab. 12.1 bietet einen Überblick über die genutzten Suchbegriffe, Suchbegriffkombinationen und Datenbanken.

Die Quellensuche wurde in deutscher und englischer Sprache durchgeführt. Der Prozess der Suche anhand der Suchwortliste und die zeitliche Eingrenzung führten zu einer Menge an Veröffentlichungen, unter denen eine große Anzahl an irrelevanten Artikeln enthalten war. Um diese zu eliminieren, wurden Abstract, Titel und Schlagwortliste auf Relevanz evaluiert. Publikationen, die der Thematik nicht entsprachen, wurden aussortiert. Die übrig gebliebenen Artikel wurden einer Volltextanalyse unterzogen. Abb. 12.3 stellt den Ablauf der Literaturrecherche dar.

Die **vierte Phase** diente der Analyse der recherchierten Ergebnisse. Es galt zu ermitteln, welche Quellen für die Fragestellung relevant sind. Insgesamt wurden 73 Veröffentlichungen als relevant identifiziert und weiter analysiert. Der nächste Schritt war die Interpretation der Quellen sowie das Ermitteln des Aufbaus und der Zusammenhänge der Rechercheergebnisse.

In der **fünften Phase** wurde der Stand der Forschung konsolidiert, um die Lücken der bestehenden Forschung aufzuzeigen. Diese Erkenntnisse werden im folgenden Abschnitt dokumentiert.

Tab. 12.1 Suchwortliste

Suchwortliste				
Kontext 3D-Druck		‚AND'	Kontext Geschäftsmodell	
3D-Druck	3D Printing		Geschäftsmodell	Business Model
Additive Fertigung	Additive Manufacturing			

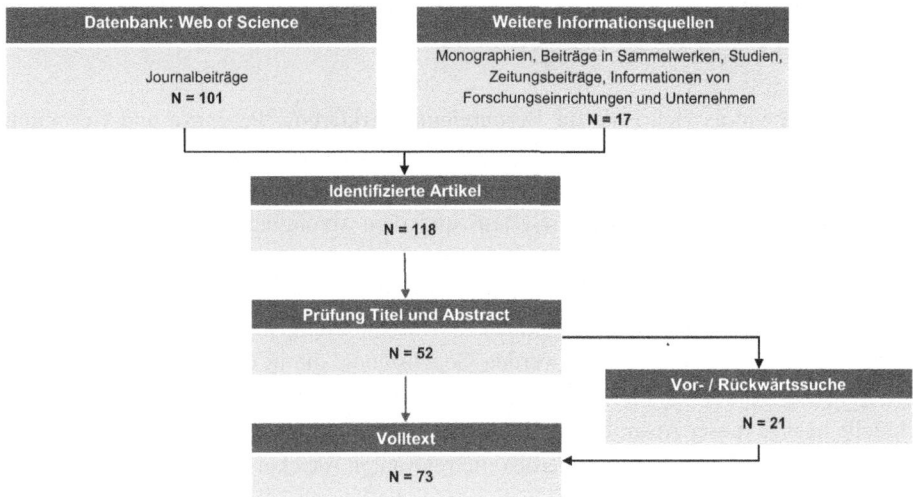

Abb. 12.3   Prozess der Literaturrecherche

12.3   Stand der Forschung und Ableitung der Forschungslücke

Der untersuchte Forschungsbereich erfährt bisher nur wenig Aufmerksamkeit in der Literatur. Die Veröffentlichungen zeichnen sich im Hinblick auf die angewandten Forschungsmethoden, die empirische Datenbasis sowie die Darstellung der Ergebnisse durch eine große Heterogenität aus, sodass die Ergebnisse zumeist nur bedingt vergleichbar sind. In vielen Fällen werden nur einzelne Funktionsbereiche der Wertschöpfungskette [4–6]. isoliert untersucht, die Aussagen auf eine bestimmte Branche [7–11] oder auf spezielle Materialien beschränkt [12]. Teilweise werden die Ergebnisse in Form von einzelnen (unternehmens- oder branchenspezifischen) Fallstudien dokumentiert, die aufgrund ihres begrenzten Stichprobenumfangs keine zulässige Induktion auf die Gesamtheit der Unternehmen erlauben [13, 14].

Vielfach wird der 3D-Druck an sich bzw. seine technischen Möglichkeiten als Erfolgsfaktor identifiziert, um den Umsatz zu steigern und die Kosten zu senken – ohne jedoch die relevanten Merkmale der eingesetzten Technologien und die betriebswirtschaftlichen Ursache-Wirkungs-Zusammenhänge hinreichend zu beleuchten. Mitunter werden die durch das Fertigungsverfahren entstehenden Mehrwerte als Geschäftsmodell deklariert [15]. Konkrete Handlungsempfehlungen verharren teilweise an der Oberfläche und gleichen teilweise einer bloßen Aneinanderreihung von Begriffen, ohne dass relevante Zusammenhänge und konkrete Handlungsempfehlungen abgeleitet werden. Um die oben bezeichneten Lücken zu schließen, wurde das Referenzmodell für die Identifikation innovativer Geschäftsmodelle im Kontext des 3D-Drucks entwickelt, um einen Orientierungsrahmen und Ansatzpunkte für die systematische Analyse im Unternehmen zu schaffen.

12.4   Modelle als strukturerhaltende Abbilder realer Systeme

Grundlagen

Ein Modell dient als Heuristik zur Beschreibung, Erklärung, Prognose und Gestaltung realer Systeme. Erkenntnisse über die Zusammenhänge und Sachverhalte der digitalen Transformation eines Unternehmens lassen sich mithilfe eines Modells aufgrund der Ähnlichkeit zwischen dem realen System und dem vereinfachten Modell als Abbild gewinnen. Die Abbildung der Elemente des komplexen realen Systems im Modell beruht auf Abstraktion, indem nur bestimmte, relevante Merkmale des realen Systems abgebildet werden. Von anderen Merkmalen wird abstrahiert, weil sie für den Zweck des Modells unerheblich sind. Zudem werden Gegenstände, die in der Realität differenzierbar sind, im Modell durch ein und dasselbe Element abgebildet. Der Vorteil eines Modells liegt in dieser Abstraktion von den für die Fragestellung unwesentlichen Merkmalen: Durch die Vereinfachung werden die relevanten Aspekte transparent. Dabei muss die Abbildung strukturerhaltend erfolgen, sodass die kausalen Wirkungszusammenhänge der Realität im Modell erhalten bleiben.

Im Rahmen des Buches werden mit einem Referenzmodell und einem Vorgehensmodell zwei Arten von Modellen verwendet, die es im Folgenden darzustellen gilt.

Referenzmodelle

Referenzmodelle dienen der Strukturierung eines Problems und ordnen als Deutungsmuster die Wahrnehmung des jeweiligen Beobachters. Dabei geben sie einheitliche und eindeutige Termini vor. Referenzmodelle dienen zum einen der Analyse und Verbesserung einer Ist-Situation. Zum anderen werden sie als Ausgangspunkt bzw. „state-of-the-art" genutzt, um darauf aufbauend unternehmensspezifische Modelle zu generieren. Die Ziele des Einsatzes eines Referenzmodells unterscheiden sich je nach Interessengruppe. Beispiele sind Kostenreduktion, Umsatzsteigerung oder Risikominimierung. Das GIN3D-Modell der Geschäftsmodellmuster und Anbieter in der Wertschöpfungskette des 3D-Drucks ist ein Referenzmodell, das einen Orientierungsrahmen für die systematische Analyse von Ansatzpunkten zur Neu- bzw. Weiterentwicklung von Geschäftsmodellen im Unternehmen bietet (vgl. Abb. 4.1).

Eine Anforderung an das Referenzmodell ist die **Ganzheitlichkeit** der Erfassung und Beschreibung der Elemente der Geschäftsmodellentwicklung im Kontext des 3D-Drucks. Der Begriff der Ganzheitlichkeit ist mittels der Eigenschaften umfassend, durchgängig, bruchlos und alle Aspekte berücksichtigend zu konkretisieren. Umfassend bedeutet, dass alle erdenklichen Elemente abgedeckt und mögliche Ausprägungen vorgeschlagen werden. Die Durchgängigkeit besagt, dass keine Lücken im Wertschöpfungssystem existieren: Konzepte aller Elemente sind beschrieben. Bruchlos zielt auf die Vermeidung von Brüchen oder vielmehr nicht definierten Schnittstellen zwischen den Elementen des Systems. Eine weitere Anforderung an das Modell ist ein inhaltlicher und struktureller Aufbau, der **unternehmensindividuelle Anpassungen** ermöglicht.

Mit der Entwicklung des vorliegenden Referenzmodells für die Identifikation innovativer Geschäftsmodelle wurde primär das Ziel verfolgt, das Thema mit seinen vielen einzelnen Elementen zu strukturieren und eine einheitliche Begriffswelt zu schaffen. Auf diese Weise soll verstanden und konkretisiert werden, was „innovative Geschäftsmodellmuster" in der Wertschöpfungskette des 3D-Drucks meint und beinhaltet. In weiteren Schritten kann das Modell in Verbindung mit Reifegrad- und Vorgehensmodellen für unterschiedliche Optimierungen eines Unternehmens, wie beispielsweise die Erhöhung der Wettbewerbsfähigkeit, genutzt werden. Struktur und Systematik des Modells unterstützen Anpassungen oder Erweiterungen.

Vorgehensmodell

Ein Vorgehensmodell ist die modellhafte Darstellung der im Rahmen einer Gesamtaufgabe durchzuführenden Aktivitäten. Die Gesamtaufgabe – in diesem Fall die Identifikation innovativer Geschäftsmodelle im Kontext des 3D-Drucks – wird in hierarchisch aufeinander aufbauende Teilaufgaben gegliedert und der Hierarchie folgend systematisch abgearbeitet. Insofern hat ein Vorgehensmodell die Aufgabe, die wesentlichen Elemente eines Prozesses darzustellen und Beziehungen der Elemente untereinander abzubilden. Im Gegensatz zu einer Methode, die beschreibt, wie etwas zu tun ist, strukturiert ein Vorgehensmodell in Form eines Ordnungsrahmens, was zu tun ist.

Die Entwicklung eines Vorgehensmodells ist sinnvoll, wenn sich eine Gesamtaufgabe im Zeitablauf wiederholt und somit ein Standardvorgehen als Leitfaden definierbar ist. Auf Basis eines Vorgehensmodells verläuft die Erfüllung der Gesamtaufgabe strukturiert, der Fortschritt lässt sich nachvollziehen und dokumentieren. Ein standardisiertes Vorgehen fördert ein gemeinsames Prozessverständnis und die funktionsübergreifende Zusammenarbeit der Fachabteilungen. Zur Entwicklung des Vorgehensmodells sind vorrangig die Anforderungen, Ziele und Probleme der Stakeholder zu erfassen. Darauf aufbauend ist ein geeignetes existierendes Modell zu identifizieren oder ein Neues herzuleiten. Ist die Entwicklung eines neuen Modells erforderlich, ist zunächst der statische Bereich zu definieren. Dieser ändert sich trotz wandelnder Rahmenbedingungen nicht. Zum statischen Bereich gehören neben der Auswahl an unterstützenden Werkzeugen und Methoden auch wiederkehrende Aktivitäten und Prozesse.

Aufbauend auf den Erkenntnissen dieser Studie hat das Kompetenzzentrum Coesfeld einen **3D-Druck-Check** als Vorgehensmodell für die Identifikation innovativer Geschäftsmodelle mit 3D-Druck in kleinen und mittleren Unternehmen (KMU) entwickelt. Dabei handelt es sich um einen praxisorientierten Methodenbaukasten zur Potenzialanalyse von Unternehmen.

Modellbildungsprozess

Dieses Buch orientiert sich an dem idealtypischen Modellbildungsprozess der sich in fünf definierte Phasen gliedert [16]. Abb. 12.4 stellt diesen Modellbildungsprozess und seine konkrete Anwendung im betrachteten Forschungsbereich dar.

12.5   Anforderungen an die Modellbildung

Die Qualität eines Modells lässt sich über den Erfüllungsgrad des angestrebten Zwecks messen. Den Zweck eines Modells legen die Nutzer (Modell-Adressaten) fest. Insofern ist der Grad der Deckungsgleichheit eines Modells mit den Anforderungen der Nutzer ein geeigneter Qualitätsmaßstab. Die **inhaltliche Qualität** ist gewährleistet, wenn aus Sicht der Modell-Adressaten alle relevanten Sachverhalte der Realität korrekt abgebildet wurden. Da eine empirische Verifikation des Modells auf breiter Basis noch aussteht, kann hierüber keine Aussage getroffen werden. Jedoch sind punktuelle Rückmeldungen potenzieller Nutzer aus der Unternehmenspraxis durchgängig positiv.

Die **modellierungstechnische Qualität** eines Modells lässt sich auf Basis der **Grundsätze ordnungsmäßiger Modellierung (GoM)** beurteilen. Hierbei handelt es sich um sechs Richtlinien für die Modellierung von Informationssystemen, die auf die Modellierung des vorliegenden Modells als methodischer Ordnungsrahmen übertragbar sind und auf Klarheit, Konsistenzsicherung und Qualität zielen. Der **Grundsatz der Richtigkeit** fordert, dass das Modell die Realwelt in ihren wesentlichen Zügen abbildet. Es wird zwischen semantischer und syntaktischer Richtigkeit unterschieden. Die semantische Richtigkeit fordert die korrekte Abbildung der realen Sachverhalte. Dies umfasst beispielsweise die Definition und Nutzung von Namenskonventionen. Die Definition von Begriffen erfolgt durch eine breite Literaturanalyse unter Rückgriff auf etablierte Definitionselemente. Bei der syntaktischen Richtigkeit liegt der Fokus auf dem korrekten Methodeneinsatz. Die Frage nach adäquater Abbildung des zu repräsentierenden Originals im

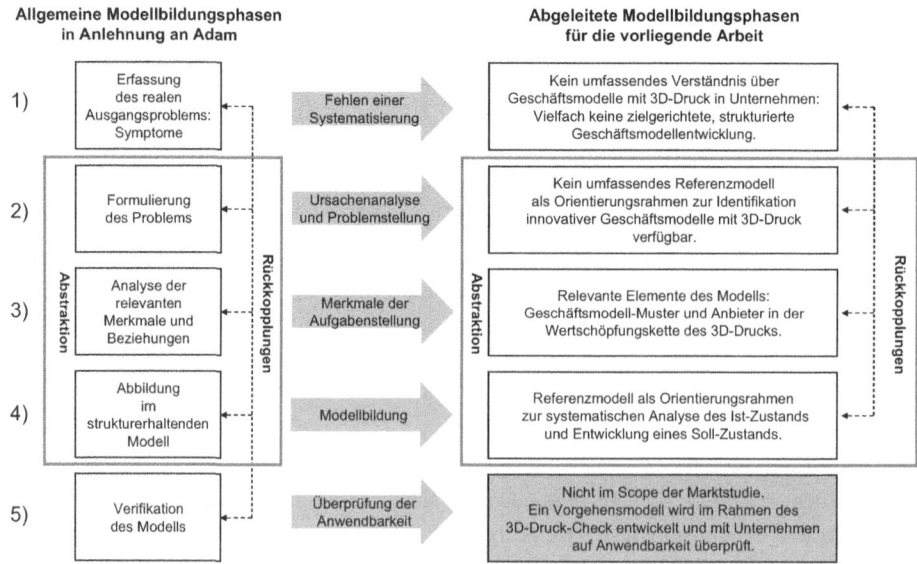

Abb. 12.4 Modellbildungsprozess

Modell ist nur mithilfe von Dialogen zwischen den Modellerstellern, Modellnutzern und Fachexperten zu beantworten. Eine empirische Verifikation des Modells auf breiter Basis ist bisher nicht erfolgt, sodass dieses Kriterium auf der Grundlage des aktuellen Erkenntnisstandes nicht zu beantworten ist.

Nach dem **Grundsatz der Relevanz** sind in einem Modell nicht alle, sondern nur die für den Modellierungszweck relevanten Sachverhalte abzubilden. Von unerheblichen Sachverhalten ist zu abstrahieren. Das Referenzmodell bildet aus Sicht der Autoren ausschließlich die für die Geschäftsmodell-Identifikation relevanten Elemente ab. Zu kritisieren ist der relativ niedrige Detailgrad, der eventuell nicht für alle branchen- und unternehmensspezifischen Fragestellungen eine hinreichende Granularität aufweist.

Der **Grundsatz der Wirtschaftlichkeit** besagt, dass der Aufwand der Modellerstellung den Nutzen des Modells nicht übersteigen sollte. Die Modellierung erfolgte im geplanten Zeitraum mit gegebenen Ressourcen. Erste Rückmeldungen von Praktikern bestätigen den erhofften Nutzen oder vielmehr die „Brauchbarkeit" des Modells für die Analyse in der Unternehmenspraxis, insbesondere im Hinblick auf die Wahl des Detaillierungsrads und die unternehmensspezifische Anpassbarkeit. Jedoch konzentriert sich das Modell auf die qualitative Darstellung einzelner Elemente und vernachlässigt die quantitative Beurteilung der resultierenden Leistung einer Geschäftsmodell-Innovation – es bewertet ausschließlich Fähigkeiten und Potenziale. Insofern ist die Wirtschaftlichkeit aufgrund des Modellcharakters nicht ökonomisch zu bewerten. Die Struktur und Systematik des Modells lassen branchen- und unternehmensspezifische Modifikationen zu, sodass dem Kriterium der Modell-Adaptivität entsprochen wird.

Der **Grundsatz der Klarheit** fordert eine gute Lesbarkeit, Verständlichkeit und Anschaulichkeit von Modellen. Sie sollten nur die Elemente beinhalten, die zum Verständnis und zur Wiedergabe der Intention notwendig sind. Der strukturierte Aufbau der Modellstruktur und die Bezeichnung der Elemente mit anerkannten Definitionen bzw. Namenskonventionen unterstützen die Klarheit des Modells. Das Modell zeichnet sich zudem durch einen modularen Aufbau entlang einer typischen Wertschöpfungskette aus. Dies dient zum einen der Komplexitätsreduktion bei der Betrachtung des Gesamtmodells. Zum anderen lassen sich eventuell vorzunehmende unternehmensspezifische Modellanpassungen einfacher durchführen.

Der **Grundsatz der Vergleichbarkeit** zielt darauf ab, dass Modelle, die auf unterschiedlichen Modellierungsverfahren beruhen, miteinander verglichen werden können. Für das vorliegende Modell wurde kein spezielles Modellierungsverfahren oder Notation verwendet, sodass dieses Kriterium nicht abschließend zu bewerten ist.

Der **Grundsatz des systematischen Aufbaus** postuliert, dass alle Teilsichten einer modellhaften Darstellung von realen Sachverhalten in ein übergreifendes Modell eingebunden und die Teilmodelle übergreifend konsistent sind. Im vorliegenden Fall bildet die Struktur der Wertschöpfungskette ein übergreifendes Modell. Die Teilmodelle je Wertschöpfungsstufe wurden systematisch und sukzessive entwickelt. Entsprechend baut ein Modell jeweils auf dem anderen auf. Dabei wurde eine inhaltliche Konsistenz erzielt.

12.6   Kritische Reflexion und Ansatzpunkte für die weitere Forschung

Auch für eine praxisorientierte Veröffentlichung ist eine kritische Reflexion des Vorgehens und der Ergebnisse unter wissenschaftlichen Aspekten angebracht. Im Zuge der Literaturanalyse wurde eine Forschungslücke hinsichtlich eines umfassenden Referenzmodells als Orientierungsrahmen zur Identifikation innovativer Geschäftsmodelle mit 3D-Druck identifiziert. Deren Schließung erfolgte mittels eines theoretisch-deduktiven Vorgehens. Bei der vorliegenden Untersuchung handelt es sich primär um eine literaturbasierte Analyse, die durch ein Experteninterview ergänzt wurde. Insofern sind die qualitativen Aussagen durch die subjektive Perspektive der Autoren geprägt. Untersuchungen mit rein explorativem Charakter stellen zwar keinen echten Erkenntnisfortschritt dar, können aber als Heuristiken oder Ideengeber für theoretisch fundierte Kausalanalysen dienen. Eine solche wäre in einer anschließenden quantitativ-konfirmatorischen Analyse in Form einer empirischen Überprüfung zu validieren. Von den Unterschieden der verschiedenen Unternehmensspezifika, die zum Beispiel aus dem Geschäftsmodell, dem Produktportfolio oder der Branche resultieren, wurde weitgehend abstrahiert. Somit ist diese Untersuchung durch einen niedrigen Grad an Spezifität gekennzeichnet. Sie weist also einen hohen Grad an Allgemeingültigkeit der Ergebnisse auf und ist somit auf eine Vielzahl von Unternehmen bzw. Produkten anwendbar.

Aus den obigen Ausführungen ergeben sich verschiedene **Ansatzpunkte für die weitere Forschung**. Aussagen mit einer höheren Spezifität erfordern konkrete Festlegungen, etwa im Hinblick auf Branchenspezifika, das bestehende Geschäftsmodell, die Produkte oder Dienstleistungen und die Art der Wertschöpfungsprozesse. In weiteren Untersuchungen könnte eine breit angelegte empirische Primärdatenerhebung die Objektivität, Validität und Repräsentativität des Referenzmodells signifikant steigern. Verschiedene Weiterentwicklungen der Forschungsmethodik bieten sich an: Lücken in der Methodik lassen sich schließen, neue Methoden und Konzepte können ergänzt werden. Für die konkrete Anwendung im Unternehmen kann der Fokus auf je einen Untersuchungsbereich gelegt und dort vertieft und detailliert werden.

Literatur

1. Anderson, N., Herriot, P., & Hodgkinson, G. (2001). The practitioner-researcher divide in Industrial, Work and Organizational (IWO) psychology: Where are we now, and where do we go from here? *Journal of Occupational and Organizational Psychology, 27*(74), 391–411.
2. vom Brocke, J., Simons, A., Niehaves, B., Riemer, K., Plattfaut, R., & Cleven, A. (2009). Reconstructing the giant: On the importance of rigour in documenting the literature search process. Paper presented at the Ecis.
3. Cooper, H. M. (1988). Organizing knowledge syntheses: A taxonomy of literature reviews. *Knowledge in Society, 1*(1), 104.

4. Winterhalter, S., Gassmann, O., & Wecht, C. (2014). Die Zukunft wird gedruckt – Aber wie wird sie verkauft? Geschäftsmodelle für die nächste industrielle Revolution. https://www.alexandria.unisg.ch/230162/1/Im%2Bio_Die%20Zukunft%20wird%20gedruckt.pdf.

5. Rogers, H., Baricz, N., & Pawar, K. (2016). 3D printing services: Classification, supply chain implications and research agenda. *International Journal of Physical Distribution & Logistics Management, 46,* 886–907.

6. Thomas, O., Kammler, F., & Sossna, D. (2015). Smart Services: Geschäftsmodellinnovationen durch 3D-Druck. https://link.springer.com/content/pdf/10.1007/s35764-015-0590-1.pdf.

7. Jia, F., Wang, X., Mustafee, N., & Hao, L. (2015). Investigating the feasibility of supply chain-centric business models in 3D chocolate printing: A simulation study. *Technological Forecasting and Social Change, 102,* 202–213.

8. Yu, Y., Ru, H. Y., & Tian, Y. J. (2015). The Online Business Model of Individual Customization Accessories. *International Conference on Artificial Intelligence and Industrial Engineering,* S. 181–183.

9. Chen, T., & Lin, Y. (2017). Feasibility evaluation and optimization of a smart manufacturing system based on 3D printing: A review. *International Journal of Intelligent Systems, 13*(32), 394–413.

10. Liu, P., Huang, S., Cooper, F., Mokasdar, A., Zhou, H., & Hou, L. (2014). The impact of additive manufacturing in the aircraft spare parts supply chain: Supply chain operation reference (scor) model based analysis. *Production Planning & Control, 25*(13–14), 1169–1181.

11. Cooper, F. (2015). Sintering and additive manufacturing: The new paradigm for the jewellery manufacturer. *Johnson Matthey Technology Review, 59*(3), 233–242.

12. Frazier, W. (2014). Metal additive manufacturing: A review. *Journal of Materials Engineering and Performance, 23*(6), 1917–1928.

13. Pajares, J., Lopez-Paredes, A., & Hernandez, C. (2016). Technology start-up firms as a portfolio of projects: The case of dima 3D. *Procedia – Social and Behavioral Sciences, 226,* 59–66.

14. Rylands, B., Böhme, T., Gorkin, R., Fan, J., & Birtchnell, T. (2016). The adoption process and impact of additive manufacturing on manufacturing systems. *Journal of Manufacturing Technology Management, 27,* 969–989.

15. Lutter-Günther, M., Seidel, C., Reinhart, G., & Baader, A. (2015). Geschäftsmodelle für den Einsatz der additven Fertigung in der industriellen Praxis: Business Models for Additive Manufacturing Application. http://publica.fraunhofer.de/eprints/urn_nbn_de_0011-n-3526433.pdf.

16. Adam, D. (1996). *Planung und Entscheidung: Modelle – Ziele – Methoden* (4., vollst. überarb. u. wesentlich erw Aufl.). Wiesbaden: Gabler.

Sachverzeichnis

© Springer Fachmedien Wiesbaden GmbH, ein Teil von Springer Nature 2019
C. Feldmann et al., *Digitale Geschäftsmodell-Innovationen mit 3D-Druck,*
https://doi.org/10.1007/978-3-658-25162-8

The manufacturer's authorised representative in the EU is Springer
Nature Customer Service Centre GmbH, Europaplatz 3, 69115 Heidelberg,
Germany. If you have any concerns regarding our products, please
contact ProductSafety@springernature.com

Printed and bound by CPI Group (UK) Ltd, Croydon, CR0 4YY

26/04/2026

02097302-0018